기춘이 있는
부모가

아이를
성장시킨다

불안과 비교에
휘둘리지 않고
중심을 지키는 법

기준이 있는 부모가 아이를 성장시킨다

하유정 지음

카시오페아
Cassiopeia

프롤로그

흔들리는 마음속에서도
기준은 필요합니다

'도치맘', '7세 고시', '대치맘', '제이미맘'.

요즘 우리 사회의 뜨거운 화두가 되고 있는 단어들입니다. 이제 막 유치원·초등학교에 입학하는 아이를 둔 부모라면 누구나 "우리 아이에게 어떤 학습을 얼마나, 어떻게 시작하면 좋을까?" 하고 고민하기 마련입니다. 하지만 때론 그 열정이 너무 앞서다 보니 방향 감각을 잃고 헤매기도 합니다. 아이를 잘 키우고 싶은 마음은 모든 부모가 똑같은데, 언제부턴가 그 마음이 경쟁과 불안으로 바뀌어 있더라고요. 그러나 학교 현장에서 20년을 보내며 수많은 아이들을 만나면서 확신하게 된 게 있습니다. 조기 교육이나 선행 학습보다 훨씬 중요한 건 아이의 속도에 맞게 자랄 수 있도록 돕는 일이라는 거예요. 너무 당연한 이야기 같죠? 이 당연한 것이 참 어렵습니다. 그리고 그 어려움은 아이들의 일상 모습에서 드러나고 있습니다.

실제로 요즘 아이들이 예전과는 조금 다른 모습으로 속마음을 표현하는 모습을 자주 보게 됩니다. 자기 뜻대로 되지 않으면 금세 토라지거나, 친구에게 날카로운 말을 던지기도 하지요. 아이들의 마음은 분명 무언가를 말하고 있는 것 같습니다. 이 복잡하고 혼란스러운 모습 뒤에는 부모의 감정과 환경이 깊이 스며든 흔적들이 숨어 있다는 걸 저는 교실에서 자주 발견합니다.

스며들다.

제가 가장 좋아하는 단어이자 동시에 가장 두려워하는 단어입니다. 교실 한편에 앉아 있는 스무 명이 넘는 아이들을 바라보면, 그 아이들에게 스며든 스무 가지 넘는 각기 다른 가정의 모습들이 눈에 들어옵니다. 각양각색의 빛깔로 물든 모습들은 아이들의 표정과 태도, 말투에 고스란히 드러납니다. 가장 가까운 환경인 부모님의 모습이 아이들에게 자연스레 스며든 것이지요. 저 또한 두 아이를 키우는 부모로서 제가 아이들에게 어떻게 스며들었을지 생각해 보면 기대와 두려움이 교차합니다.

아이들은 그림자처럼 스며든 부모님과 함께 매일 교실로 옵니다. 그리고 저는 아이들의 목소리를 통해 알록달록한 가족의 이야기를 듣습니다. 그 목소리에는 사랑과 애증이 뒤섞여 있고, 때로는 분노와 억울함, 슬픔 같은 감정들이 토해지듯 흘러나오기도 합니다.

부모님들과 상담을 하다 보면 종종 놀랄 때가 있습니다. 부모님들은 아이의 기질, 강점과 약점, 스트레스를 받는 상황 등 모든 것을 잘 알고 계시지만, 아이의 문제는 해결되지 않고 오히려 심각해지고 가족 간의 관계마저 나빠지는 경우가 있기 때문입니다. 이럴 때마다 발견하게 되는 공통점이 하나 있습니다. 자녀 교육의 기준을 다른 사람에게 두고 있다는 거예요. '7세 고시' 같은 외부 기준에 맞춰 불안해하고, '남들은 다 하는데.'라는 생각에 휘둘리고 계시더라고요. 그래서 저는 그 기준을 다시 우리 자신으로, 내 아이의 목소리와 우리 가정의 모습으로 가져오는 길을 함께 찾고 싶었습니다.

그런 마음으로 이 책을 시작합니다. 부모가 아이를 돌보며 느끼는 분노와 죄책감 사이에서 따뜻한 조언을 건네주고 싶습니다. 그래서 어렵지만 용기 내어 '자녀 교육의 기준'에 대해 이야기하려 합니다. 엄하게 가르치기를 설명하지는 않습니다. 아이의 머리 꼭대기에 서서 지시하고 통제하는 방식을 안내하지도 않습니다. 오히려 지금까지의 방식에서 서로를 힘들게 했던 부분을 발견하고, 조금 더 나은 한 끗 차 방법을 찾으려는 시도입니다.

이 여정을 함께하기 위해 책을 두 부분으로 나누었어요. '1부. 불안'에서는 우리가 일상에서 마주하는 교육에 대한 고민을 함께 들여다봅니다. 부모가 정보의 파도에 떠밀리듯 아이를 재촉하게 되는 이유, 그리고 우리 사회가 조용히 요구하는 무언의 압박까지 솔직하게 이야기해요. '2부. 기준'에서는 그런 흔들림 속에서도 우리 집만의 단단한 교육 철학을 세우는 방법을 나눕니다. 거창한 이론보다는 오늘 당장 실천할 수 있는 작은 변화들, 아이와의 대화에서 활용할 수 있는 실용적인 팁들을 담았어요. 가능하다면 1부부터 차례대로 읽어 보시길 권합니다. 교육 불안이 어디서 오는지, 왜 우리가 흔들리게 되는지 그 뿌리를 먼저 이해하고 나면 2부의 구체적인 방법들이 훨씬 더 깊이 있게 다가올 거예요.

무엇보다 이 책을 통해 '남들만큼', 어쩌면 '남들보다 더'에 집중할 수밖에 없었던 부모의 감정을 어떻게 자비롭게 수용하고 돌볼 수 있을지 이야기하고자 합니다. 부모 자신을 먼저 돌보는 것이야말로 아이를 돌보는 데 있어 무엇보다 중요한 첫걸음이잖아요. 서로의 감정을 잘 어루만져야 비로소 따뜻하고 부드러운 자녀 교육이 가능해집니다.

물론 이 책에 담긴 방법이 정답은 아닙니다. 자녀 교육엔 언제나 각자의 길이 있으니까요. 다만 이 책이 경쟁과 불안 속에서 지친 부모님께 한 걸음 멈춰 설 수 있게 하는 계기가 되었으면 합니다. 남의 기준이 아닌, 우리 가정의 목소리를 따라가는 여정을 시작해 보시기를 바랍니다.

처음 아이를 품에 안았던 그날의 온기를 생생히 기억하시나요? 제가 느꼈던 형언하기 어려울 만큼 벅찼던 감동은 시간이 흐르며 책임감으로 변하더군요. 책임감의 무게 때문이었을까요? 아이를 잘 키우고 싶은 진심이 때로는 무겁게 가라앉은 말투와 단호한 시선으로, 차갑고 날카로운 태도로 아이에게 전달되곤 합니다. 단지 바르고 행복하게 자라길 바랐을 뿐인데, 부모의 말과 행동은 어느새 아이에게 가장 깊이 스며들고 맙니다.

세상에 쉬운 일은 없겠지만, 부모가 된다는 것은 그중에서도 가장 어려운 것 같습니다. 그도 그럴 것이 우리는 모두 한 번도 부모였던 적 없이 부모가 되었으니까요. 그럼에도 여러분은 이미 충분히 좋은 부모입니다. 아이를 위해 더 나은 길을 고민하는 지금 이 마음만으로도요. 그 마음이 아이에게 전해지려면 말보다 마음이 먼저 닿아야 합니다. 지금 이 순간 아이들에게 온전히 머물며 따뜻하고 부드러운 대화를 나눠 보시기 바랍니다. 언제나 응원합니다, 세상의 모든 부모님.

하유정 드림

차례

프롤로그 흔들리는 마음속에서도 기준은 필요합니다   005

불안
불안은 부모의 얼굴이 된다

1 기준 없는 부모는 흔들릴 수밖에 없다

- 왜 우리는 아직도 학력 앞에 작아질까?   020
- IMF 세대가 교육에 올인하는 이유   023
- 고교학점제가 불러온 또 다른 조기 경쟁의 풍경   029
- 영어는 빠를수록 좋다?   032
- 부모는 왜 사교육을 선택하는가?   035
- 학군지라는 이름이 주는 무게   041
- 미디어는 경쟁의 속도를 조절하지 않는다   046
- 정보력은 좋은 교육의 기준이 될 수 없다   050

2   잘 키우고 싶은 마음이 아이를 힘들게 할 때

- ◆ 부모의 기대가 아이에게 '책임'이 되는 순간　　　　　　056
- ◆ 사랑받기 위해 착해진 아이들　　　　　　　　　　　　061
- ◆ 스스로 공부하는 아이를 만드는 부모의 태도　　　　　　064
- ◆ 마음이 가닿는 대화가 사라질 때　　　　　　　　　　　068
- ◆ 사교육, 피할 수 없다면 기준이 단단해야 한다　　　　　076
  기준이 있는 사교육을 선택하는 네 가지 방법　　　　079
- ◆ 기초 공사 없는 선행으로 흔들리는 아이의 뇌　　　　　087
- ◆ 요즘 아이들이 사회성이 떨어지는 이유　　　　　　　　093
- ◆ 빨리 큰 아이는 사춘기에서 무너진다　　　　　　　　　097

3   부모의 불안한 감정 돌아보기

- ◆ 앞서야만 괜찮은 부모같아요　　　　　　　　　　　　　106
- ◆ 그 집 애가 다니는 학원이래요　　　　　　　　　　　　110
- ◆ '7세 고시'가 보여 준 교육 불안의 맨얼굴　　　　　　　116
- ◆ 부모의 감정을 먼저 다스려야 한다　　　　　　　　　　122
- ◆ 내 표정은 아이의 기분이 된다　　　　　　　　　　　　127
- ◆ 불안이 터뜨리는 부정적인 생각의 팝콘　　　　　　　　134
- ◆ 부모의 우울은 반추에서 시작한다　　　　　　　　　　　137

기준
기준은 아이의 거울이 되다

4 기준이 있는 공부는 어떻게 가능한가?

- 기준 있는 공부란 무엇인가? **146**
- 공부 방법은 아이의 성향과 학년에 따라 다르다 **148**
  - 초등학생이 매일 해야 하는 필수 공부 세 가지 **157**
- 원칙이 있는 사교육이라면 괜찮습니다 **161**
  - 기준이 있는 아이 사교육 정리표 **166**
- 멈춤의 시간이 아이를 자라게 한다 **169**
- 선행 학습 과연 정답일까? **176**
- 공부 주도성은 '믿는 부모'에게서 생긴다 **193**
- 아이가 스스로 공부를 설계하는 힘, 메타인지 **200**
- 내 아이 진로 프로필 만들기 **207**
- 기회를 준비하는 삶의 태도 **216**
- 공부보다 먼저 바꿔야 할 집안 풍경 **222**
  - 조금 더 깊은 몰입을 위한 고민 해결 Q&A **231**
- 말만 바꿔어도 내적 동기가 향상된다 **235**
  - 아이의 마음을 열어 주는 부모의 대화법 Q&A **238**

5 우리 집만의 흔들리지 않는 기준 세우기

- 평가와 비교에서 벗어나기 　　　　　　　　　　**246**
- 교육 정보를 선별하는 4가지 기준 　　　　　　　**254**
- SNS 시대, 정보 다이어트 실천법 　　　　　　　**261**
- 기준 있는 집은 실패를 환영한다 　　　　　　　**267**
- 부모가 함께 세우는 양육의 기준 　　　　　　　**273**

6 부모의 감정 회복 돌보기

- 교육 불안에 반응하는 부모의 다섯 가지 유형 　**292**
- 교육 불안이 만든 감정의 악순환 끊기 　　　　　**300**
- 아이와의 대화에서 내 감정 섞지 않기 　　　　　**305**
- 자책하는 부모의 마음을 감싸는 위로 　　　　　**313**

에필로그　기준은 결국 우리 안에 있습니다 　　　　　**321**

불안

불안은 부모의 얼굴이 된다

1

~~~~~~~~~~~~

기준 없는 부모는 흔들릴 수밖에 없다

학력이 곧 생존이던 시대를 통과해 우리는 부모가 되었습니다. 지금의 부모 세대는 '공부해서 남 주나?'라는 말이 농담이 아닌 시절을 살아 냈습니다. 좋은 대학은 곧 좋은 직장으로 이어졌고, 그것이 가난을 벗어나는 유일한 사다리였던 시절이었죠. 우리는 그 사다리를 붙잡기 위해 치열하게 살았습니다. 그 과정에서 '학력'은 단순한 교육의 성과를 넘어 인생의 방향을 결정짓는 도구가 되었고, 때로는 존엄의 무게마저도 결정지었습니다. 그 경험은 한 세대의 집단 기억이 되어 오늘의 교육관을 만들었습니다. 지금의 부모가 조기 교육을 선택하고, 사교육에 의지하며, 정보의 파도에 떠밀리듯 아이를 재촉하는 이유는 단지 조급함이나 욕심 때문만은 아닙니다. 우리 안에는 한 시대를 통과하며 몸에 새긴 불안과 생존의 기억이 아직도 남아 있습니다. 그래서 우리는 흔들립니다. 누가 시키지 않아도 비교하고, 따라가고, 앞서가려 애씁니다. 그 흔들림은 어쩌면 사회가 우리에게 너무 오래, 너무 강하게 요구해 온 결과인지도 모릅니다.

우리는 왜 흔들릴 수밖에 없는가?
그 흔들림은 정말 우리의 잘못인가?
지금 우리는 어디쯤 서 있는가?

이 물음의 답을 이 장에서 함께 더듬어 가 보려 합니다. 흔들림이 시작된 순간부터 우리가 지금 선 자리까지 천천히, 그러나 솔직하게 마주 서 보려 합니다.

왜 우리는 아직도
학력 앞에서 작아질까?

"저는 커서 의사가 될 거예요! 사람들을 살려 주면 엄청 멋있잖아요. 그리고 의사가 되면 돈도 많이 번다고 들었어요."

"저도 의사가 되는 게 목표입니다. 왜냐하면…… 우리나라에서 가장 성공해서 여유롭게 사는 직업이기 때문입니다."

특정 직업이 반복적으로 언급되는 상황에 저는 조금 당황했습니다.

"음…… 혹시 다른 꿈을 가진 친구 있다면 발표해 볼까요?"

"저는 변호사가 꿈입니다. 유명한 로펌에 들어가려면 지금부터 열심히 공부해서 우선 좋은 대학부터 가야 한다고 합니다."

5학년 아이들과 진로 수업을 했던 날이었습니다. 처음엔 아이들이 기대와 설렘으로 눈을 반짝이며 자신의 꿈을 발표했습니다. 하지만 발표를 들으면 들을수록 씁쓸했습니다. '좋은 대학에 가기 위해서', '부모님이 원하는 직업이라서', '돈을 많이 벌 수 있으니까'와 같은 이야기들이 반복되면서 아이들의 꿈이 정말 자신들이 원하는 것인지, 아니면 어른들이 정해 놓은 기준에 맞추어 말하는 것인지 혼란스러웠습니다. 천진난만한 아이들의 미소 뒤에 어른들의 욕심과 기준이 자리 잡은 것 같아 마음 한편이 무거웠습니다. 그 풍경은 비단 교실 안에만 머무는 이야기는 아니었습니다.

학력이 꿈인 아이들

"엄마, SKY가 뭐게?"
"하늘? 아니면…… 혹시 넌센스 퀴즈야?"
"하늘이라고 할 줄 알았지! SKY는 하늘처럼 높은 대학이래."
"하늘처럼 높은 대학이 어딘데?"
"S는 서울대, K는 뭐더라……? Y도 서울에 있는 대학인데, 공부 열심히 해서 그 정도는 가야 한대."

몇 해 전, 초등학교 4학년이던 제 아이가 동네 작은 보습 학원에서 배워 온 단어는 'SKY'였습니다. SKY는 하늘이 아니라 하늘처럼 높고 멋진 대학이더군요.

사실 '학력'이라는 단어는 지식이나 기술의 정도를 뜻하는 단순하고 순수한 말이었습니다. 하지만 언제부턴가 이 말은 무거운 사회적 의미를 짊어지기 시작했습니다. 학력은 점차 권력이 되었고,

누군가의 가치를 판단하는 잣대가 되어 버렸습니다. 이런 현상을 '학벌주의'라고 부릅니다. 어떤 학교를 나왔는지가 그 사람의 능력보다 더 중요한 기준이 되는 사회 말입니다.

사실 학력 그 자체가 문제는 아닙니다. 문제는 '학력의 후광 효과 halo effect', 즉 좋은 학교를 나왔다는 이유만으로 모든 것이 뛰어날 거라는 착각에 있죠. 그 졸업장이 그 사람의 전부를 증명해 줄 것 같은 기대 말입니다.

왜 이런 일이 생겨났을까요? 학교 교육이 보편화되고 고학력 사회가 이어지면서 우리 사회는 점점 더 간편하고 빠르게 사람들을 판단할 수 있는 기준을 원하게 되었습니다. 그 과정에서 자연스레 선택된 것이 바로 '학력'입니다. 좋은 학교 졸업장이 곧 성공을 의미하는 세상이 이제는 너무 익숙한 풍경이 되었습니다.

사회가 이런 분위기다 보니, 아이를 좋은 학교에 보내는 것은 마치 성공의 필수 조건처럼 여겨집니다. 아이들은 자신들의 가치를 성적이나 등급으로 판단받고, 부모들은 자녀의 졸업장을 통해 자신의 성공을 확인하려고 합니다. 아이들에게 'SKY'가 하늘이 아니라 대학으로 먼저 각인되는 현실, 정말 괜찮은 걸까요?

IMF 세대 부모가
교육에 올인하는 이유

오랜만에 중학교 동창 은희를 만났습니다. 은희는 저와 같은 학창 시절을 지나온 친구입니다. IMF 한복판에서 중고등학생이었던 우리에게는 입시보다 아버지의 퇴직 소식이 훨씬 더 급박하고 현실적인 문제였어요. 그 시절을 기억하는 분들이라면 아실 거예요.

요즘 은희는 초등학교 2학년 딸아이의 교육 때문에 밤잠을 설친다고 했습니다.

"얘가 말이야, 학교 마치고 집에 돌아오는 시간이 너무 빨라. 다른 애들은 영어에, 수학에, 뭐에, 뭐에 엄청 바쁘대. 나만 뭘 안 시키는 것 같아서 불안해 죽겠어."

은희의 말에는 눈에 보이지 않는 초조함이 묻어 있었습니다.

"여유로워도 충분히 괜찮은 시기야. 아직 어리잖아."라고 말했지만, 은희는 고개를 절레절레 흔들었습니다.

"근데 너도 알잖아. 하나라도 빨리 시작한 애가 결국은 이기더라니까. 나는 내 딸이 그런 거 안 겪게 하고 싶어. 나처럼 늦었다는 후회는 안 하게 해 주고 싶다고."

은희의 원망 섞인 다짐을 듣는데, 마음이 먹먹해졌어요. 우리는 왜 이렇게까지 애쓰는 걸까요. 누가 늦었다고 말한 적도 없는데, 왜 먼저 겁부터 나는 걸까요?

IMF 이후 불안이 만든 성공 집착

1997년 겨울을 기억하시나요? 나라 전체가 휘청거렸고, 그 충격은 고스란히 우리 가정 안으로 흘러들어 왔습니다. 당시 중학생이던 저에게(어쩌면 우리 모두에게) 그 시절은 '급하게 철들어야 했던 계절'이었는지도 모르겠습니다. 급식비가 밀리고, 학원은 꿈도 꾸지 못하며, 부모님의 어깨는 늘 무거웠죠.

"이제 너도 많이 컸으니까 알아서 열심히 해 줄 수 있지? 엄마, 아빠도 요즘 정말 힘들어서. 너만큼은 꼭 잘됐으면 좋겠는데."

그 말에는 간절한 소망과 더불어 어쩔 수 없는 현실에 대한 무력감이 고스란히 담겨 있었어요. 저와 은희는 그렇게 '살아남는 법'을 배웠습니다. 안정적이고 좋은 대학을 가는 것은 선택이 아니라 생존 수단이었고, '스펙'은 단지 취업을 위한 것이 아니라 나를 지켜 주는 방패 같은 거였어요.

그 시절을 지나온 은희는 이제 부모가 되어 말합니다.

"나는 형편상 여기까지밖에 못했지만, 내 딸만큼은 잘되게 해 주고 싶어."

이 말은 참 묘합니다. 사랑이라는 이름을 붙이고 있지만 그 밑바닥에는 '불안'이라는 감정이 흐르고 있거든요. 일찍 시작해야 한다는 강박, 남보다 늦으면 안 된다는 조급함, 적어도 나보다는 잘 살아야 한다는 막연한 기대. 하지만 그 '열심'이 아이에게 언제나 좋은 영향만 주는 건 아닌 듯합니다. 가끔은 엄마가 불안해서 자꾸 남들과 비교한다는 것을 아이는 조용히 느끼고 있을 테니까요.

불안은 가장 비싼 선택을 하게 만든다

스펙이라는 단어가 우리 사회에 본격적으로 뿌리내리기 시작한 건 IMF 이후의 일이었습니다. 실직과 구조 조정, 폐업이 일상이던 그 시절, 부모 세대는 불확실한 세상 속에서 살아남기 위한 가장 현실적인 방법으로 '교육'을 선택했어요. 좋은 대학, 안정적인 직장, 그리고 그에 따르는 사회적 지위가 유일하게 믿을 수 있는 미래의 보험처럼 여겨졌습니다. 그때부터 우리 사회는 '교육열의 양극화'라는 길에 본격적으로 들어서기 시작했습니다. IMF 시기를 통과한 우리는 '안정'이라는 말을 더 이상 쉽게 믿지 않게 되었어요. 실력이 있어도, 성실해도 무너질 수 있다는 걸 너무 어릴 때 배워 버렸기 때문입니다. 그 이후로 '좋은 대학'은 단지 교육 기관이 아니라 무너진 사회 안전망의 대체재처럼 여겨졌어요. 아파트 한 채, 정규직 직장, 신용 등급 같은 것들이 한순간에 사라지는 걸 본 사람에게 학벌은 유일하게 손에 쥘 수 있는 안전장치처럼 느껴졌던 겁니다.

요즘 아이들 사교육비가 얼마나 되는지 아세요? 2024년 통계를 보면, 초중고생 1인당 47만 4,000원이에요. 사교육을 받는 아이들만 따져 보면 59만 2,000원이고, 10명 중 8명이 사교육을 받고 있다고 합니다. 대한민국에서 사교육은 '특별한 선택'이 아니라 '평균값'이 되어 버린 셈이지요. 사교육을 하지 않는 것이 용기처럼 느껴지는 시대 같죠?

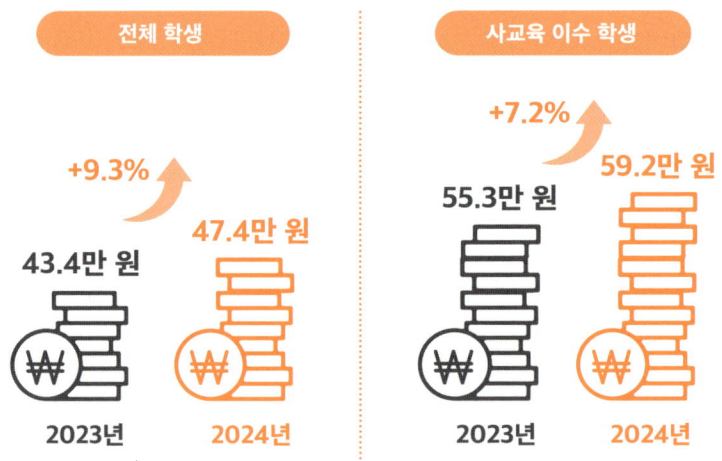

● 학생 1인당 월 평균 사교육비 ●

전체 학생
+9.3%
43.4만 원 → 47.4만 원
2023년 2024년

사교육 이수 학생
+7.2%
55.3만 원 → 59.2만 원
2023년 2024년

하지만 여기서 조심해야 할 점이 있습니다. 이런 구조적 문제를 들여다보면 볼수록 우리는 본능적으로 '거 봐, 다 시키는데 어떻게 나만 안 시킬 수 있겠어?'라는 뾰로통한 마음이 듭니다. 어쩌면 지금 이 글을 읽으면서도 '학원이라도 하나 더 알아봐야 하나?' 싶으신 분이 계실 거예요. 그 마음, 충분히 이해합니다. 저런 통계는 마치 "남들은 다 이렇게 한다."라는 증명서처럼 느껴지거든요. 하지만 이걸 기억해 주세요. 불안은 늘 가장 비싼 선택을 하게 만든다는 것을요. IMF 세대를 견딘 우리는 누구보다 치열하게 살아남았고, 그 생존의 기억이 아직도 가슴 어딘가에 자리하고 있습니다. 그래서 우리는 아이에게만큼은 더 좋은 걸 해 주고 싶고, 미리 준비시켜 주고 싶습니다. 너무나도 당연한 마음이에요. 저도 그렇거든요. 하지만 그 마음이 너무 앞서서 부모의 삶이 기준이 되는 순간, 아이는 자신의 삶을 설계할 기회를 잃게 됩니다. 우리가 지나온 시간은 아이에게 같은 길을 강요하기 위한 틀은 아니니까요.

앞에서 설명했듯이, 지금의 부모 세대는 학벌로 계층이 나뉘던 시대를 통과했습니다. 서울대에 합격한 아이가 있다는 소문이 퍼지면, 그 집은 동네에서 '서울대 그 집'으로 불렸고 사람들의 시선은 자연스레 달라졌어요. 학벌은 가능성과 신분 상승의 상징이었습니다. 한 번의 시험, 한 장의 졸업장으로 인생이 확 바뀔 수 있다는 믿음이 온 사회에 퍼져 있었죠. 그런데 그 믿음이 지금도 여전히, 아니 오히려 더 단단해진 것 같아요. 머리로는 "이젠 시대가 달라졌어."라고 말하면서도 마음 깊은 곳에서는 여전히 "학벌이 아이의 미래를 좌우할지도 몰라." 하는 불안을 떨치지 못합니다.

문제는 이 불안이 점점 더 아래로 내려가고 있다는 사실입니다. 이제는 중고등학생이 아니라 초등학교 저학년, 아니 유아기부터 학벌을 위한 준비가 시작되고 있습니다. 영어 유치원, 코딩 캠프, 사고력 수학 선행까지 마치 부모가 아이의 대학을 미리 설계해 놓아야만 하는 시대 같습니다. 어쩌면 이 방식은 아이의 필요보다 부모가 견뎌 온 시대의 상처에서 비롯된 전략일지도 모릅니다. 지금 아이가 즐겁게 배우고 있는지보다 '이 정도는 해야 살아남는다.'라는 마음속 계산이 부모의 선택을 먼저 이끄는 것은 아닐까요?

고교학점제가 불러온
또 다른 조기 경쟁의 풍경

"우리 애는 지금 수학 올림피아드를 준비하는 중이에요. 과학고를 생각하고 있거든요."

초등 5학년 학부모 모임의 대화 중에 얼핏 지나가던 한마디가 공기 속에 조용한 파장을 일으켰습니다. 순간 갈 곳을 잃은 엄마들의 시선이 바쁘게 움직였어요. 누군가는 '그렇게까지나?'라는 눈빛을, 또 누군가는 '올림피아드가 필요하구나!'라는 새로운 정보를 얻었다는 눈빛을 보냈습니다. '애가 잘하나 봐!'라는 부러움과 시샘의 마음도 공기 중에 떠다녔어요. 저는 그 자리에서 어떤 생각이 떠올랐냐고요? 아이가 수학에 대한 흥미와 성향이 선명해서 올림피아드에 도전하는 건지, 아니면 단지 특목고 진학의 확률을 높이기 위한 도구로 쓰려는 건지 궁금했습니다. 물론 답을 알 수는 없었지만, 그 궁금증은 오래도록 제 마음에 남았습니다.

언제부터였을까요? 아이들 교육 이야기에 고등학교 레벨이 등장하게 된 게 말이죠. 그 시작은 1990년대 후반이었습니다. 외국어고, 과학고, 국제고 같은 특목고들이 차례로 등장하고, 고입 제도가 서서히 변화를 맞이하던 시기였어요. 당시 외고에 들어가려면 토플 점수가 필요했습니다. 과학고는 수학·과학 올림피아드 수상 경력이 당락을 갈랐고요. 물론 지금은 제도가 많이 바뀌었지만, 입시는 점점 고도화되었고 학습 시점도 자꾸만 아래로 내려가기 시작했습니다. 과학고와 영재 학교 입시는 지금도 '창의성'과 '융합적 사고력'이라는 그럴듯한 이름을 걸고 있지만 실상은 고난도 문제 해결 능력을 전제로 한 입시 구조입니다. 공교육이 따라갈 수 없는 곳에 서 있는 입시이지요. 그 문을 두드리기 위해선 사교육이 사실상 '입장권'처럼 되어 버렸습니다. 중학교 내용을 초등학생이, 고등학교 개념을 중학생이 선행하는 시스템. 오늘날 우리가 겪고 있는 조기 사교육 열풍의 뿌리가 바로 여기에 있는지도 모릅니다.

고교학점제, 새로운 기회일까 또 다른 경쟁의 시작일까

최근 들어 조기 경쟁의 불씨에 다시 기름을 붓는 제도가 있습니다. 바로 2025년부터 전면 시행된 '고교학점제'예요. 아이의 적성과 진로에 따라 과목을 선택할 수 있다는 이 제도는, 겉보기엔 다양성과 자율성의 확대처럼 보입니다. 하지만 현실은 어떨까요? 정작 선택의 주체가 되어야 할 아이보다는 부모와 사교육 시장이 먼저 발 빠르게 움직이고 있습니다. 벌써부터 '수학은 미적분까지 들어야 이공계에 유리하다.', '사회탐구는 이 조합이 SKY 입학에 좋다더라.' 같은 정보들이 학부모 단톡방을 뜨겁게 달구고 있거든요.

더 걱정스러운 건 '어떤 고등학교에서 어떤 과목을 선택하느냐'에 따라 대입이 달라진다는 불안감이 초등 시절부터 진로를 확정해야 할 것 같은 강박으로 이어지고 있다는 점입니다. 내 아이가 어떤 고등학교의 어떤 과목을 택해야 대학 입시에 유리한지, 어떤 조합으로 선택해야 내신 관리에 도움이 되는지까지 치밀하게 계산하고 있는 거죠.

아이의 진정한 관심사를 찾아가는 과정이어야 할 고교학점제가 또 다른 경쟁의 도구로 변질되고 있는 현실인 것 같아 안타깝습니다. 특목고로 시작된 조기 경쟁은 이름만 바뀐 채 여전히 우리 곁에 남아 있는 것 같아요.

영어는 빠를수록 좋다?

"영어는 무조건 초등 때 끝내 놔야 해요."

KBS 다큐멘터리 〈추적 60분〉에서는 이 풍경을 '7세 고시'라 이름 붙였습니다. 초등학교 입학도 하기 전에 입시에 줄을 서는 시대. 글자를 배우기도 전에 리스닝 수업을 시작하고, 뛰어놀기 바쁜 나이에 에세이 숙제를 합니다. 도대체 우리는 언제부터 '입시 준비'라는 말을 7세 아이에게 쓰게 되었을까요?

영어는 도대체 왜 이렇게 아래로, 아래로, 점점 더 어린 나이로 내려오는지 모르겠습니다. 그 시작은 1997년 초등학교 3학년부터 영어가 정규 교과로 편입되면서부터이지 않을까 싶어요. 당시엔 '언어는 어릴수록 잘 배운다.'라는 뇌과학 연구들이 주목을 받았고, '영어는 빠를수록 좋다.'라는 주장이 교육 정책으로 실현되었지요. '언제부터?'라는 질문은 '얼마나 더 일찍?'이라는 질문으로 이어졌고,

그 물결 위에 영어 유치원이 떠올랐습니다.

1990년대 후반 영어 유치원은 하나둘 문을 열기 시작합니다. 아이들은 하루 종일 영어로 노래를 부르고, 그림을 그리고, 때론 모국어 사용이 금지된 교실에서 하루를 보냈습니다. '원어민처럼 말하는 아이'는 그 시대 부모들의 가장 큰 자랑이자 기대였어요.

2000년대 초반에는 영어 유치원을 넘어서 조기 유학 열풍이 불었습니다. 캐나다, 뉴질랜드, 필리핀까지 아이 손을 잡고 비행기에 오르는 부모들이 많아졌어요. '어릴수록 언어 습득이 빠르다.'라는 믿음은 곧 '그 시기를 놓치면 안 된다.'라는 불안으로 번졌고, 말문이 트이기도 전에 모국어와 영어 사이에서 길을 잃는 아이들도 생겨났습니다.

그러다 2008년 경제 위기와 교육 제도 개편이 맞물리며 흐름이 다시 국내로 돌아옵니다. 입학사정관제가 도입되고, 수행평가와 포트폴리오 중심 평가가 강조되면서 영어는 단지 시험 과목이 아니라 '평가 항목'이자 '스펙'이 되기 시작했습니다. 단어 뜻을 아는 것만으론 부족하고, 영어로 발표하고 토론하고 에세이를 써야 하는 시대가 열린 거예요.

그 시점부터 영어 사교육 시장은 단순한 문법이나 듣기 위주의 수업에서 벗어나 말하기와 글쓰기 중심의 프로그램으로 재편되기 시작했습니다. '영어 인터뷰 대비반', '영어 에세이 첨삭반' 같은 고가 프로그램이 줄줄이 생긴 것도 그때부터입니다.

결국 '7세 고시'는 어느 날 갑자기 등장한 유행이 아니라 지난 20여 년간 우리가 쌓아 올린 선택의 결과물입니다. 1997년 영어 정규교과 도입, 1990년대 후반 영어 유치원 확산, 2000년대 조기 유학 열풍, 2008년 이후 국내 영어 사교육 재편, 입학사정관제와 수행평가 확대까지 이 모든 흐름이 이어져 7세 고시를 치러야 하는 아이들까지 전해져 온 것이죠. 그 흐름에 가장 빠르고 가장 민감하게 반응한 주체는 바로 사교육 시장이었습니다.

부모는 왜
사교육을 선택하는가?

부모는 사교육을 왜 선택하는 걸까요? 2024년 통계를 보니 가장 큰 이유는 '학교 수업 보충'이더라고요. 무려 50.5퍼센트예요. 그다음이 '선행 학습'(23.1퍼센트), '진학 준비'(14.4퍼센트) 순이었고, '보육'과 '불안 심리'도 이유 중에 있었습니다. 결국 가장 많은 학부모가 '공교육만으로는 뭔가 부족해!'라고 느끼고 있다는 뜻이죠. 초등학교는 기초 학력 보완, 중학교는 내신 대비, 고등학교는 수능과 대학 진학까지……. 학년이 올라갈수록 목적은 조금씩 달라지지만 그 불안의 뿌리는 결국 비슷한 것 같습니다.

이 통계를 조금 다른 시선으로 들여다보면 사교육에는 두 가지 흐름이 있다는 걸 알 수 있습니다. 하나는 '보완적 사교육'입니다. 학교 수업만으로는 부족하다는 걱정에서 시작되는 사교육이에요. 다른 하나는 '경쟁적 사교육'입니다. 더 잘하게 하려는 마음, 앞서가

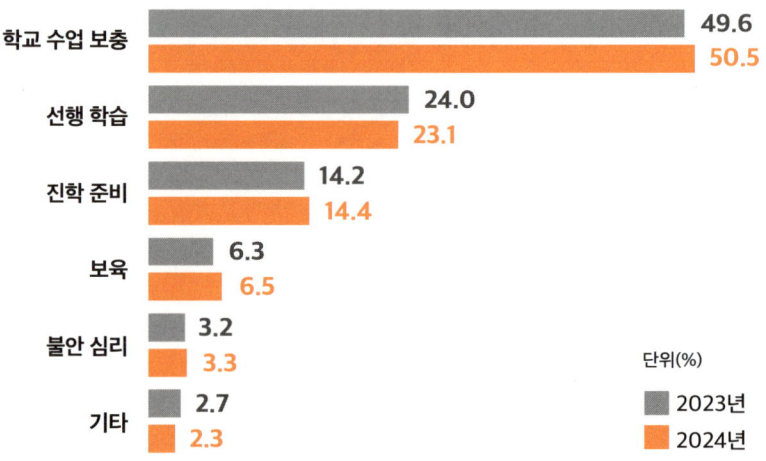

기 위한 전략, 남보다 빠르게 가기 위한 선택인 거죠. 영어는 초등학교 때 끝내야 한다는 말, 고등 수학을 미리 해 둬야 여유롭다는 말도 이 흐름 안에 있습니다. 이 두 가지는 전혀 다른 동기 같지만 실제 부모의 마음 안에서는 겹쳐 있어요. 처음에는 수업을 못 따라갈까 봐 보냈는데, 조금 지나면 '남들보다 더 잘하면 좋겠다.'라는 마음이 생기고, 그 마음이 또 다른 학원으로 발길을 옮기게 하죠. 사교육은 그렇게 불안과 열망 사이에서 천천히 확장되고 있습니다. 그 선택은 종종 아이를 위한 것처럼 시작되지만 끝내 부모 자신의 불안을 달래는 선택으로 변해 가기도 합니다.

'숙제'가 사라진 교실

언젠가 한 학부모님이 조심스럽게 말을 건넸습니다.
"선생님, 요즘은 숙제가 없어서 너무 좋아요. 아이도 스트레스 안 받고요."

고개를 끄덕였지만, 마음은 한참을 머뭇거렸습니다. 아이들이 숙제 없는 걸 기뻐하는 게 좋은 신호일까요? 한때 숙제는 당연한 것이었습니다. 학교에서 배운 내용을 집에서 반복하며 익히는 과정, 즉 학學과 습習이 하나로 이어지던 자연스러운 흐름이었지요. 수업이 '배우는 시간'이었다면, 숙제는 '익히는 시간'이었고, 그 익힘은 공부 기초를, 반복은 공부 근력을 만들어 줬습니다. 하지만 지금 그 익힘의 시간이 교실에서 거의 사라졌습니다.

눈여겨봐야 할 또 하나의 변화는 '보완적 사교육'의 급증입니다. 경쟁 때문만은 아닙니다. 사라진 숙제가 만들어 낸 새로운 공백과도 연결되어 있습니다. 과거엔 참 단순했습니다. 교사가 숙제를 내주면 아이는 배운 것을 반복했죠. 물론 그때도 불만은 있었습니다. "왜 이렇게 숙제를 많이 내주세요?", "이걸 꼭 해야 하나요?", "다른 할 일도 많은데 언제 숙제를 해요?" 하는 목소리들 말이에요. 하지만 지금은 어떤가요? 단순 반복형 숙제는 아예 찾아보기 힘들어졌어요. 그 대신 포스터 만들기, 발표 준비, 프로젝트형 과제가 주를 이루죠. 모두 '과정 중심 평가'라는 좋은 취지에서 시작된 변화들입니다. 그런데 참 아이러니하게도 이 과정은 오히려 더 치열한 결과 경쟁으로 변해 버렸어요. 그 사이에서 가장 기본이 되는 반복 학습과 익힘의 시간은 점점 사라져 갔습니다.

소위 '나머지 공부'라는 부족한 부분을 채워 주는 시간도 거의 사라졌습니다.

"오늘은 남아서 선생님과 조금 더 공부하자."

수업이 끝난 교실에 남아 선생님과 눈을 맞추며 기초를 다지던 시간이 있었죠. 그 시간은 더 이상 교실의 일부가 아닙니다. 아이를 남기기 전에 민원부터 걱정해야 하거든요. 이젠 그 기초 다지기조차 '학원에서 해결하세요.'가 되어 버린 듯합니다.

교실이 이렇게 바뀐 가장 큰 이유는 '교권의 약화'입니다. 한국교총이 조사한 2022 교권 침해 실태를 살펴보면, 최근 1년간 교권 침해를 경험한 교사는 73.8퍼센트에 달했습니다. 그 중 '학습 지도와 평가' 관련 민원은 21.2퍼센트를 차지했습니다.

아이를 도와주려던 나머지 공부나 배움을 익히게 하려던 숙제조차 이젠 교사의 재량으로 시도하기 어려운 일이 되었습니다. 정책은 자율을 말하지만 현실은 교사에게 책임만을 남깁니다. 교사는 조심스러워지고 학습의 책임은 점점 교실 밖으로 밀려나고 있는 거예요.

어쩌면 지금의 보완적 사교육은 '공교육이 어쩔 수 없이 비워 둔 자리'를 메우는 현실적인 대안일지도 모르겠어요. 꽤 많은 학부모들은 경쟁에서 이기기 위한 전략보다는 기초라도 놓치지 않기 위한 간절함으로 사교육을 찾고 있는지 모릅니다.

조심스러운 교실의 탄생

"왜 아이에게 그런 숙제를 내주셨나요?"

전화기 너머에서 들려오는 목소리는 차분했지만 그 안에는 묵직한 긴장감과 날카로운 뉘앙스가 숨어 있었습니다. 단순한 받아쓰기 연습이었습니다. 틀린 문장을 두세 번 다시 받아 적는 연습이었어요. 그 숙제가 어떤 학부모에게는 불필요한 부담으로 느껴졌던 겁니다. 저는 숙제를 다시 고민하게 되었습니다. 아니, 숙제뿐만 아니라 제가 아이들에게 무엇을 더해 줄 수 있는지 고민하게 되었습니다.

숙제는 교사가 아이의 학습 상황을 점검하고 복습을 통해 개념을 다지게 하기 위한 하나의 교육 방법입니다. 하지만 어느 순간부터 숙제는 교육적 의미보다 가정의 부담으로 받아들여지기 시작했습니다.

"우리 아이는 학원도 다니고 바빠요."

"요즘 아이들 안 그래도 힘든데 꼭 숙제를 내야 하나요?"

일부 학부모의 목소리였지만 많은 교사들을 조심스럽게 만들었습니다. 조심스러움은 수업의 방향을 바꾸고, 말투를 바꾸고, 심지어는 교육 철학마저 바꾸게 만듭니다. 그래서 요즘 선생님들은 너무 권위를 드러내지도 않고 아이에게 뭔가를 강하게 요구하지도 않습니다. 수업은 최대한 부드럽고, 과제는 최소화하며, 교사는 '좋은 사람'이 되기 위해 최선을 다합니다. 그 빈자리를 대신하는 건 바로 사교육입니다. 돈을 들이면 방향을 제시해 주는 사람, 목표를 정해 주는 시스템, 때로는 아이를 혼내 줄 '대리 부모'까지 얻을 수 있으니까요.

교육이란 원래 공동체의 일이었습니다. 아이 한 명이 잘 자라도록 교사와 부모가 자연스럽게 손을 맞잡고 함께했던 그 시간들 말이에요. 그런데 요즘은 어떤가요? 교사는 혹시 민원이 들어올까 조마조마하고, 학부모는 선생님이 우리 아이를 제대로 봐주실까 걱정하며 서로 불신의 벽을 쌓아 가죠. 둘 다 아이를 위해 존재하는 그 소중한 자리를 잊고 있는 건 아닌지 싶어 마음이 무거워집니다. 교단에 선 지 스무 해가 넘어가면서 확실히 깨달은 게 있어요. 좋은 교사는 절대 혼자서 만들어지지 않는다는 사실입니다. 물론 선생님이 수업을 재미있게 하고 아이들을 잘 가르치는 것도 중요해요. 하지만 그보다 더 중요한 건 부모님과 마음을 맞대고 한 아이를 위해 함께 고민하고 책임지려는 마음이더라고요. 결국 아이를 진짜 잘 키우려면 서로 믿고 의지할 수 있는 동반자가 되어야 하지 않을까 생각합니다.

학군지라는
이름이 주는 무게

"이 동네 너무 좋아요. 조용하고 공원도 많고 사람들도 따뜻하고요."

몇 달 전, 은수 씨가 이 동네에 대해 이렇게 말했던 게 떠올랐습니다. 그런데 이사를 결심했다는 말을 들었을 땐 그 말과는 전혀 다른 선택이어서 순간 멈칫했어요. 아니, 정확히는 그 말 뒤에 숨어 있는 이유가 어쩐지 너무 익숙했기 때문이에요. 은수 씨는 6살 아이를 둔 워킹맘입니다. 같은 아파트 단지에 살아서 종종 엘리베이터에서 마주치곤 했어요. 일에 치여 바빠도 아이 이야기가 나오면 눈빛이 따뜻해지던 분이었죠. 은수 씨는 처음엔 오래 살 생각으로 이 동네에 전셋집을 구했고, 꽤 만족하며 지냈어요. 가까운 거리에 아이가 뛰어놀 수 있는 공원이 있고, 얼굴 아는 엄마들과 인사도 나눌 수 있는 골목이 있는, 말 그대로 살기 좋은 동네라고 생각했죠. 하지만 아이의 초등학교 입학이 다가오자 은수 씨의 마음이 슬금슬금 흔들리기 시작했대요.

"이 동네는 교육 인프라가 부족한 것 같아요. 또래 애들은 사고력 수학도 이미 시작했다고 하고, 진작 진도도 나가고 있다는 애들 얘기를 들으면 내가 너무 안일한 건 아닐까 싶고……."

은수 씨는 결국 학군지로 불리는 지역으로 이사를 결정했습니다.

"아이한테 기회를 못 준다는 느낌이 너무 싫어요. 내가 못 해 줘서 나중에 원망이라도 들을까 봐."

그 마음, 잘 알아요. 사실 은수 씨만 그런 건 아니거든요.

정말 학군지에 가야만 안심이 될까요?

요즘 부모들, 특히 초등 입학 무렵을 지나며 아이의 '속도'가 눈에 들어오기 시작하는 많은 부모들은 은수 씨와 같은 고민을 잠시나마 해 본 적이 있을 거예요. 저도 그랬어요. 아이가 학교에 입학할 무렵 정말 얼마나 많은 곳을 돌아다녔는지 모릅니다. 아이 키우기에 지상낙원 같은 곳을 찾고 싶었거든요. 안전하고, 깨끗하며, 학교도 가깝고, 도보로 다닐 만한 학원 인프라가 갖춰진 그런 동네 말이에요.

그런데 찾았냐고요? 제 가족에게 가장 잘 어울리는 곳을 찾다 보니 결국은 조용하고, 한적하며, 마음껏 뛰어놀 수 있는 마당 있는 집으로 이사를 가게 되었어요. 덕분에 학원 인프라와는 매우 멀어졌죠. 저와 제 아이들에게는 학원 인프라보다 더 소중한 것들이 있었거든요.

좋은 학교, 빼어난 진학률, 쏟아지는 사교육 자원을 가진 학군지는 교육의 '프리미엄'처럼 소비되고 있습니다. "우리 애, 거기서 공부하잖아."라며 그 지역을 입에 올리는 것만으로도 우리 아이의 미래에 작은 보증서 하나가 붙는 것처럼 느껴질 정도로요. 우리 동네에서 잘하고 있어도 대치동 아이는 더 특별한 무언가를 배우고 있을 것 같은 불안, 내가 놓치고 있는 게 분명히 있을 것 같은 두려움이 조용히, 그리고 깊게 부모 마음에 스며듭니다.

이건 단순한 정서 문제만은 아닙니다. 실제로 지역 간 교육 자원의 밀도는 매우 크게 차이가 납니다. 서울 강남구와 그 외 지역의 학원 수, 교사 경력, 입시 실적, 정보 접근성 등에서도 '눈에 보이는 차이'가 분명하게 존재하니까요. 사교육비 지출 또한 소득 상위 가구일수록 압도적으로 높고, 교육열이 높은 지역일수록 더 많은 투자가 이루어지고 있습니다. 결국 교육이 계층 이동의 사다리가 아니라 계층을 유지하고 굳히는 도구가 되는 셈이죠.

드라마 〈라이딩 인생〉에서도 작금의 교육 현실을 절묘하게 포착한 장면이 나오더군요. 6~7세 아이들이 무거운 바퀴 가방을 끌며 학원에 늦지 않으려고 전속력으로 달리고, 차로 꽉 막힌 길 위에서 부모는 차에서 내려 아이를 안고 학원까지 뛰어가며, 아이에게 꼭 필요하다는 영어 도서 시리즈를 구하기 위해 부모가 줄을 서고 전쟁처럼 달려드는 장면까지 드라마 속 광경이지만 전혀 낯설지가 않았습니다. 이 장면을 보는 많은 부모들은 웃기보단 숨이 막힌다고 말합니다. 누군가의 극단적인 상황, 아니 어쩌면 일상적인 긴장 상태를 너무 정확히 그려 낸 장면이니까요. 부모는 헌신을 당연하게 받아들이고, 아이도 조용히 그 무게를 함께 짊어지기 시작합니다.

학군지에 살아야 진짜 안심이 될까요? 중요한 것은 '어디에서'보다 '어떻게' 키우느냐가 우선이 아닐까 싶습니다. 학군지는 선택지 중 하나일 뿐 최선은 아닙니다. 내 아이의 성향과 우리 가정의 가치가 맞아떨어져야 비로소 좋은 선택이 되기 때문이에요. 우리 가족의 삶의 균형은 어디에 더 무게를 두고 있나요? 교육, 재정, 정서, 여가 등 가족 구성원이 생각하는 우선순위와 잘 맞아떨어지는 곳이 베스트일 겁니다. 그 어떤 것도 교육보다 중요한 건 없다는 가치관이라면 학군지를 고려해 보겠지만, 이 또한 몇 가지 더 생각해야 할 점들이 있습니다. 아이와 부모 모두 높은 경쟁과 비교 문화에서 자존감을 단단히 지켜 낼 수 있는지, 우리 아이는 경쟁 환경에서 동기부여를 받는 편인지 아니면 위축되는 편인지, 가족들은 이사 후에도 삶의 균형을 유지할 수 있는지, 그곳에서 제시하는 '이 정도는 해야 해!'와 같은 암묵적 기준에서 흔들리지 않을 자신이 있는지 등을요.

대치동 같은 학군지는 분명히 수준 높은 강사, 입시에 특화된 전략, 빠르게 돌아가는 정보망이 있습니다. 하지만 그 정보는 아이의 성향에 맞게 선별해서 받아들일 수 있는 부모에게만 유익합니다. 그렇지 않다면 오히려 정보 과잉 속에서 방향을 잃을 수 있으니 이 또한 조심해야겠지요. 많은 선택지가 있다는 건 그만큼 혼란도 크고 경쟁도 치열하다는 의미입니다. 아이보다 부모가 먼저 소진되거나, 아이가 스스로 판단하지 못하고 주어진 길만 걷는 학생이 되기도 쉽죠. 학군지로 갈지 말지는 부모의 결정이지만, 그 환경을 살아갈 사람은 아이이기도 합니다. 아이의 기질, 공부 태도, 스트레스 대처 방식 등 모든 것을 충분히 살핀 후에도 여전히 그곳이 우리 가족에게 잘 맞겠다는 판단이 선다면 그때는 두려움보다 확신으로 선택할 수 있을 것입니다.

미디어는 경쟁의 속도를
조절하지 않는다

얼마 전 다시 만난 은희는 최근 인스타그램을 삭제했다고 했습니다. 처음엔 아이 성장 기록을 남기고 정보도 얻고 싶어서 시작한 계정이었대요. 그런데 피드에 뜨는 글들을 보다 보니 어느 순간부터 자꾸 마음이 쪼그라드는 걸 느꼈다고 해요.

"요즘엔 안 보면 그나마 낫더라고. 그러면 남들 애가 벌써 몇 바퀴 돌았다는 심화 문제집 이야기도 모르고, 기저귀도 갓 뗐을 만한 꼬맹이가 원어민이랑 말하는 영상도 안 보게 되잖아."

은희가 한숨을 쉬며 말했습니다.

"나도 열심히 키우고 있는데 자꾸 내 아이가 너무 평범한 것 같고, 자꾸만 뭘 놓치고 있는 것처럼 느껴져. 가만히 있으면 안 될 것 같은 기분? 당장 뭘 시작해야 할 것 같은 불안?"

은희 혼자만의 이야기는 아닙니다. 요즘 엄마들이 하루에도 몇 번씩 겪는, 아주 구체적인 불안이거든요.

인스타그램, 유튜브, 블로그, 단체 카톡방 안에서 쏟아지는 콘텐츠는 대체로 비슷한 결을 가지고 있습니다. '지금 이 시기를 놓치면 기회가 없다.'라는 조급한 메시지, '초등 2학년인데 영어 논픽션을 술술 읽는다.'라는 성공 사례, '○○학원 레벨 테스트 합격 후기 대공개' 같은 게시글들의 모든 문장은 말하죠.

"너도 지금 당장 시작해야 해. 남들 다 하고 있어. 너만 늦었어."

아이는 지금도 자라고 있고, 부모도 나름 최선을 다하고 있는데, 그 이야기를 듣는 순간 괜히 마음이 철렁 내려앉습니다. 남의 집 아이는 뭐 하나 뛰어난 게 있는 것 같고, 우리 집 아이는 그저 평범해 보입니다. 그러면 불안은 행동으로 옮겨지기 시작합니다. 기존 학습 계획을 흔들어 보고, 부족함을 채워 줄 학원을 알아봅니다. 하지만 무언가를 '더하는' 방식으로는 근본적인 불안을 없앨 수 없습니다. 불안은 비교 속에서 자라나는 감정이기 때문입니다.

교육 경쟁을 부추기는 미디어 홍수

미디어는 통계의 평균을 보여 주지 않습니다. 대부분 피라미드 맨 꼭대기의 사례를 전면에 내세우죠. 영재고 지망 중학생의 하루 루틴, 초등 3학년이 독학으로 푼 최상위 수학 문제집 후기, 책 100권

읽은 초등학생의 독서 노트 샘플까지 이런 콘텐츠는 마치 일반적인 것처럼 소비됩니다. 부모들 사이에서는 해야 할 것의 목록처럼 작동하고요. 문제는 그 정보가 단지 '공유'에서 멈추지 않는다는 점이에요. 부모들은 그런 사례를 볼 때마다 자신의 아이를 떠올리게 됩니다.

'우리 아이는 지금 뭘 하고 있나?'

그 순간 남의 집 아이의 특별한 경험이 곧 '경쟁 종목'이 되어 버립니다. 또 하나 '시켜야 하는 무언가'가 리스트에 추가됩니다. 무엇을 해도 완전하지 않고 무엇을 안 하면 불안해지는 역설 속에 자꾸 갇히게 되죠.

사실 우리는 알고 있습니다. 남의 집 아이가 영어 인터뷰하는 영상은 극히 일부라는 걸요. ○○학원 레벨 테스트에 합격했다는 그 아이도 늘 웃으며 공부하는 건 아닐 거라는 걸요. 그런데도 불안해지는 건 그 장면이 남의 이야기가 아니라 자꾸 내 아이와 겹쳐 보이기 때문이겠지요. 그러면 문득 '우리 아이도 저만큼은 했으면 좋겠다…….'라는 생각이 가슴 한쪽을 조용히 건드리고 지나갑니다.

'교육은 빠를수록 좋다.', '남들보다 앞서 있어야 한다.'라는 말들이 언제나 옳은 건 아닙니다. '내 아이에게 맞는지'를 고민할 시간을 주지 않습니다. 이제는 '정보 수집'보다 '정보 분별'이 더 필요한 시대입니다. 모두가 하는 걸 따라가기보다 우리 아이에게 꼭 필요한 것을 남기고 불필요한 정보는 가려낼 줄 아는 용기, 그게 부모가 먼저 가질 기준입니다.

혹시 내가 선택한 교육 방향보다 미디어가 보여 주는 남의 이야기에 더 오래 머물고 있다면, 잠깐 멈춰 보세요. 마음속으로 'STOP'을 외치고, 지금 내가 무엇에 흔들리고 있는지 알아차려 보는 거예요. 지금 내가 보고 있는 정보가 정말 우리 아이에게 필요한 것인지, 아니면 그냥 무의식적으로 받아들이고 있는 건 아닌지 생각해 보세요. 기준이 되어야 하는 건 다른 누구도 아닌, 지금 이 순간의 우리 아이의 걸음과 부모인 내가 끝까지 지키고 싶은 마음이거든요. 이런 기준을 세워 정보를 받아들이는 구체적인 방법들은 다음 장에서 자세히 알려 드릴게요.

정보력은 좋은 교육의
기준이 될 수 없다

요즘 인스타그램을 보다 보면 이런 피드가 심심찮게 눈에 띕니다. "진짜 상위 1퍼센트만 아는 비밀 정보!", "이 피드에 '좋아요'를 누르고 댓글에 '정보'라고 적어 주세요. DM 드릴게요."

처음엔 대수롭지 않게 넘겼습니다. 그런데 하루이틀 지나도 자꾸 제 눈에 띄더라고요. '좋아요' 수만 개, 댓글 수천 개와 같은 정보를 보다 보면 이런 생각이 스멀스멀 올라옵니다. '혹시 나만 모르고 있는 거 아니야? 얻어 두면 쓸 데가 있을지도 몰라…….'

저도 솔깃한 마음에 시키는 대로 팔로우를 하고 댓글을 달아 보았습니다. 과연 어떤 정보가 도착할지 호기심 어린 마음으로요. DM은 매니챗 기능을 사용해서인지 빛의 속도로 도착했습니다. 하지만 도착한 자료는 이미 교육청 누리집이나 교사 커뮤니티에 공유된 자료를 그대로 복사·붙여 넣기 한 것이었어요. 심지어 누군가의 수업 자료를 도용해 파일로 보내 주는 경우도 있었습니다. 내용도 씁쓸했지만, 더 슬펐던 건 그 정보를 받기 위해 수많은 부모님들이 'DM을 애타게 기다리는 사람'이 되었다는 사실이었습니다.

정말 정보력이 양육력일까요? 더 많이 알고, 더 빠르게 움직이면 아이를 더 잘 키우는 걸까요? 요즘은 정보가 넘쳐납니다. 입학 설명회부터 사교육 커뮤니티, 인스타그램 계정, 유튜브 알고리즘까지……. 누구보다 빨리 움직이는 부모, 먼저 선점한 엄마가 아이에게 더 유리한 기회를 줄 수 있는 것처럼 보입니다. 그래서 뒤처질까 불안하고, 한발 늦었다는 죄책감에 시달리기도 합니다. 하지만 이렇게 생각해 볼 수 있어요. 정보는 '길을 밝히는 손전등'일 수 있지만, 그보다 더 중요한 건 내 아이에 대한 '관찰력'과 '판단력' 그리고 '신뢰'라는 사실 말이에요. 정보가 필요 없다는 건 아닙니다. 하지만 그 정보에 휘둘리는 부모가 되면 아이는 늘 끌려다니게 됩니다. 정보가 많을수록 부모에게는 더 단단한 기준이 필요해요. 정보를 '더 얻는 것'이 아니라 '더 잘 걸러 내는 힘'이 진짜 양육력인 셈이지요.

조금 느려도 괜찮습니다. 모든 걸 다 알지 않아도 괜찮습니다. '우리 아이에게 맞는 길'을 스스로 판단할 수 있는 기준, 그 단단한 내면이 부모로서의 힘이 되어 줍니다. 정보는 바다 위에 떠 있는 부표 같습니다. 어디에 무엇이 있다는 걸 알려 주지만, 그 물살을 어떻게 헤쳐 나갈지는 결국 부모가 어느 쪽으로 노를 젓느냐에 달려 있습니다.

2

잘 키우고 싶은 마음이 아이를 힘들게 할 때

우리는 사랑해서 그랬습니다. 아이에게 좋은 걸 해 주고 싶은 마음, 더 나은 미래를 선물하고 싶은 마음뿐이었습니다. 하지만 이상하게도 그 마음이 깊어질수록 아이와의 거리는 조금씩 멀어지고 부모인 우리 자신도 점점 지쳐 갑니다.

"나는 널 위해 이렇게까지 하는데, 왜 넌……."

말끝에 매달린 서운함은 사랑의 또 다른 얼굴입니다. 서운함은 아이에게 보이지 않는 부담이 되어 전해지곤 합니다. 어떤 아이는 부모의 기대를 채우기 위해 '착한 아이'가 되려고 합니다. 그러다 보면 감정은 말 대신 눈빛과 몸짓에 숨어 버리고, 어른의 기대를 먼저 읽는 아이가 됩니다. 정서적 여유가 없는 아이는 다른 사람의 감정에도 서툴러 친구와의 작은 다툼도 큰 상처가 되고, 실수나 거절 앞에서 쉽게 무너지기도 하죠.

사춘기가 되면 그동안 참아 온 감정들이 한꺼번에 터져 나옵니다. 부모에게 인정받고 싶었던 마음이 어느새 반항으로 바뀌기도 하고요.

도대체 어디서부터 잘못된 걸까요?

아이를 위한 행동이 때로는 아이에게 무거운 짐이 될 수도 있다는 걸 우리가 미처 알아차리지 못했던 건 아닐까요?

  이 장은 그 마음을 조용히 들여다보려 합니다. 사랑이라며 건넨 헌신이 어떻게 아이의 어깨 위에 '책임'이라는 이름으로 얹히는지 살펴보겠습니다.

부모의 기대가 아이에게 '책임'이 되는 순간

"엄마, 나 수학 96점 맞았어!"

현관문을 막 들어서며 민서는 들뜬 목소리로 엄마에게 달려왔습니다. 엄마는 종이를 받아들고 찬찬히 내려다봤습니다. 그러다 눈썹을 살짝 찌푸렸습니다.

"4점은 어디 갔어? 다시 풀어 봤어?"

민서의 반짝이던 눈빛이 한순간에 꺼졌습니다.

"또 실수했네. 지금 다시 안 보면 다음에도 또 틀려."

엄마는 민서의 반응을 눈치채지 못한 듯 시험지를 반으로 접으며 덧붙였습니다.

"그래도 잘했어. 근데 틀린 문제는 꼭 복습해 봐. 알았지?"

칭찬받고 싶어서 내민 시험지였는데, 자꾸만 '더 잘해야 한다.'라는 메시지만 남았습니다.

부모의 진심이 아이에게 '무게'가 되지 않도록

부모의 첫 한마디가 아이의 마음에 오래도록 남는다는 걸 우리는 종종 잊곤 합니다. "틀려서 아쉬웠겠네!"라는 말보다 "이건 왜 틀렸어?"라는 말이 먼저 튀어나올 때부터 아이의 눈빛이 서서히 흐려집니다.

부모의 결과 중심적인 반응은 아이가 스스로 배우고 싶어 하는 마음, 즉 내재적 동기를 서서히 약화시킵니다. 공부의 목적이 '스스로 알고 싶어서'가 아니라 부모에게 인정받기 위해서로 바뀌게 되는 것이지요.

교육심리학자 에드워드 데시 Edward L. Deci 와 리처드 라이언 Richard M. Ryan 의 자기결정이론을 보면, 인간은 자율성(스스로 결정할 수 있는 느낌), 유능감(나는 할 수 있다는 감각), 관계성(누군가와 연결되어 있다는 따뜻한 감정), 이 세 가지 욕구가 채워질 때 무언가 하고자 하는 마음, 즉 동기가 생긴다고 말합니다. 그런데 결과만 중시하는 양육은 이 세 요소를 모두 망가뜨립니다. 결국 스스로 하고자 하는 마음을 꺾게 되는 거고요.

결과에 따라 사랑받는다고 느낀 아이들은 '조건적 자아 존중감'을 갖게 됩니다. '나는 성적이 좋아야만 괜찮은 사람'이라고 믿는 거죠. 조건적 자아 존중감을 가진 아이는 성공하면 우쭐하지만 조금만 실패해도 자기 자신을 혹독하게 다그칩니다. 동전의 양면 같은 우열감과 열등감 사이를 수시로 오가게 되는 거지요.

'성취한 나'만이 존재를 허락받는 구조 속에서 아이는 늘 긴장하며 자신을 몰아붙이고, 뭐든 완벽하게 해내려는 아이가 됩니다. 이때 형성되는 심리 패턴이 '불안 기반의 완벽주의'입니다. 사랑받기 위해 실수하면 안 되고, 기대를 저버리면 관계까지 위태로워질 수 있다는 두려움, 그 불안이 아이를 더 몰아붙입니다.

그 상황에서 부모가 종종 덧붙이는 말이 있지요.

"다 너 잘되라고 하는 말이야."

저도 이 말을 참 많이 했습니다. 아이가 제 조언을 따르지 않을 때 은근히 서운해하면서요. 그 말은 분명 진심이었지만, 돌이켜보니 아이에게는 사랑의 포장지를 두른 압박이었을 수도 있겠더라고요. 이 말 속에는 '부모 말에 따르지 않으면 잘되지 못할 거야!'라는 메시지가 숨어 있거든요. 아이는 '잘되려면 부모가 정해 준 길을 따라야 한다.'라고 받아들이게 되고, 스스로 판단하는 걸 점점 미루게 됩니다. 그러다 부모 뜻과 다른 선택을 하고 싶어질 때, '내가 부모의 사랑을 거절하는 건 아닐까?'라는 묘한 죄책감이 아이 마음속에 생깁니다. 죄책감은 자율성을 억누르고 자신의 선택을 의심하게 만들죠. 저도 이런 메커니즘을 잘 알고 있지만, 정작 제가 부모가 되니 이 함정에서 완전히 자유롭지 못하겠더라고요. 사랑하는 마음이 클수록 더 많은 기대를 하게 되거든요.

심리학자 도널드 위니컷Donald Winnicott은 아이에게 필요한 건 '완벽한 엄마'가 아니라 '충분히 좋은 엄마good-enough mother'라고 말합니다. 완벽하려 애쓰기보다는 아이의 감정을 읽어 주고, 충분히 기다려 주며, 넘치지 않는 기대를 건네는 부모가 아이에게는 안정적인 울타리라는 거죠. 여기서 말하는 '충분히'는 어느 정도일까요?

저는 아이를 키우면서 '충분히'가 도대체 어디까지인지 몰라서 시행착오를 겪은 게 한두 번이 아닙니다. 명확한 기준이 없으니 어딘가 애매하게 느껴지고, '혹시 내가 더 노력해야 하는 건 아닐까?' 하는 부족감이 계속 올라옵니다. 여러분도 그런 마음 많이 드셨을 거예요. 그래서 더 많이 시키고, 더 앞당기고, 더 높은 기준을 세우게 되죠. 사랑이라는 이름으로 포장한 그 행동이 '책임'이라는 짐이 되어 아이 어깨에 슬며시 얹히는 것도 모르고 말이에요.

실제로 학교 현장에서는 성취가 높은 아이일수록 자존감이 낮은 경우를 자주 만납니다. 잘하는데도 늘 불안해하고, 작은 실수에도 자신을 탓하며, '나는 괜찮은 사람'이라는 믿음을 외부 평가에만 의존하는 아이들이요. 이런 아이들에게 정말 필요한 건 잘했을 때의 칭찬이 아니라 실수했을 때의 따뜻한 말이더라고요.

앞에서 소개한 민서의 사례에서도 마찬가지입니다. 민서에게 필요했던 건 '틀린 문제'를 지적하는 냉철함이 아니었습니다. 열심히 풀었지만 아쉽게도 하나를 놓친 그 마음을 격려해 주는 따스함이었지요.

"열심히 했을 텐데, 한 문제를 놓쳐서 많이 아쉬웠겠다. 괜찮아?"

기대하지 말라는 게 아니에요. 기대를 내려놓으라는 뜻도 아니고요. 다만 부모의 진심이 아이에게 무게가 되지 않도록 우리 스스로 자주 돌아봐야 해요. 기대는 줄 수 있습니다. 하지만 그보다 더 많이 주어야 하는 건 있는 그대로의 아이를 믿는 마음이에요.

사랑받기 위해
착해진 아이들

"선생님, 애는 어릴 때부터 참 착했어요. 시키는 건 다 잘하고, 엄마 속을 썩인 적이 한 번도 없어요."

학부모 상담 시간에 마주 앉은 어머니는 수민이를 이렇게 묘사했습니다. 저는 미소로 답했지만 솔직한 제 의견을 드리는 게 나을지 고민스러웠습니다.

수민이는 착하지만 긴장을 많이 하는 아이였습니다. 발표를 시켜도 망설이다가 고개를 저었고 혼자서 정답을 입안에서 웅얼거리다 말곤 했죠. 사소한 준비물 하나라도 깜빡한 날엔 손이 떨릴 정도로 긴장한 얼굴이었습니다. 단원 평가지를 나눠 주던 날 수민이가 손톱 밑이 하얗게 질리도록 양 주먹을 쥐고 있는 모습을 보았어요. 손끝이 떨릴 정도로 굳어 있었고, 시험지 한 장을 받아 들 때도 숨을 꾹 참는 듯한 표정이었어요.

착한 아이가 아니라
있는 그대로의 아이로

수민이 엄마 말대로 수민이는 '착한 아이'로 자라 왔습니다. 아니, 어쩌면 착해야만 하는 이유가 있었던 건지도 모르겠습니다. 착한 아이는 분명 많은 장점이 있습니다. 배려심이 깊어 타인과의 관계에서 갈등을 피하려 노력하죠. 이런 아이는 어릴 때부터 어른들에게 사랑받는 경우가 많습니다. 하지만 때로는 이런 '착함' 뒤에 숨겨진 아이의 진짜 마음을 놓치기 쉽습니다. 자기감정을 솔직히 표현하면서도 타인을 배려할 수 있는 균형감이 있다면 다행이지만, 불편한 갈등을 피하려고 감정을 억누르는 아이도 있거든요. 수민이는 후자였습니다. 칭찬받기 위해, 혼나지 않기 위해, 기대에 부응하기 위해 자기감정을 포기하기도 해요. 어떤 아이는 울고 싶을 때 참는 법부터 배웁니다. 어떤 아이는 억울해도 입을 다무는 연습을 합니다. 불편한 상황이 싫어서, 실망시킬까 봐 등 이유는 다양하지만, 결국 착한 아이가 되기를 택합니다. 착한 아이는 순종적이고 문제 행동이 없으니 어른들에게는 '편한 아이'입니다. 하지만 그 조용함 속엔 말하지 못한 감정이 고여 있을지도 모릅니다. 감정을 자주 억누르거나 표현하지 못한 아이는 자신의 감정이 어떤지 알아차리는 힘이 약해질 수 있어요. 속상한데도 이유를 잘 모르겠고, 좋고 싫은 감정의 구분이 모호해지는 경우도 있습니다. 특히 '착한 아이'로서 부모의 기대에 맞춰 살아온 아이들은 '진짜 내가 느끼는 감정'보다 '부모가 원하는 감정'을 먼저 떠올리게 됩니다. 이런 감정의 대리 체험이 반복되면 아이의 감정 인식 능력은 점점 약해지고, 결국 자신이 뭘 원하는지도 잘 알지 못하게 되는 경우가 많습니다.

심리학자 하인츠 코헛 Heinz Kohut은 아이의 건강한 자아 형성을 위해 '거울 대상 mirroring object'이 필요하다고 했습니다. 아이의 감정과 표현을 따뜻하게 비춰 주는 정서적 거울 같은 존재 말이에요. 아이의 감정과 욕구를 읽어 주고, 있는 그대로의 모습을 받아 주는 어른이 있어야 해요. 그래야 아이가 "나로서도 충분히 괜찮구나!"라고 자기를 긍정하게 되거든요. 하지만 아이가 매번 '엄마가 원하는 모습'만 보여 준다면 자기의 진짜 모습은 언제, 어디서 자랄 수 있을까요?

"틀려도 괜찮아."

"울어도 괜찮아."

"지금 있는 그대로의 네가 충분히 사랑스러워."

그 믿음을 꾸준히, 조용히 보내 주는 어른이 필요합니다. 그럴 때 아이는 비로소 자기를 숨기지 않고 마음을 펼 수 있게 됩니다. 착한 아이가 아니라 있는 그대로의 아이로 살아갈 수 있도록 안전한 쉼터가 되어 주세요.

스스로 공부하는 아이를 만드는 부모의 태도

"숙제는 했니?"

현관문을 열자마자 제 입에서 튀어나온 말입니다. 거의 반사신 경처럼요. 아이의 표정이 순식간에 굳는 걸 보며 저도 모르게 한숨이 나왔습니다. 하루 종일 아이와 떨어져 있다가 해가 저물 무렵에서야 돌아온 엄마가 아이에게 건넨 첫 마디가 고작 숙제 확인이라니. 그 순간의 공기와 서로의 마음이 잠깐 어긋났던 그 저녁의 기억이 아직도 선명합니다.

오랜 시간 교실에서 아이들을 가르치며 '내적 동기'의 중요성을 누구보다 잘 안다고 자부해 왔습니다. 하지만 정작 제 아이 앞에서는 '시켜야 한다는 책임감'과 '놓치면 안 된다는 불안감'에 마음이 자주 휘청거렸습니다. 마치 지금 이걸 챙기지 않으면 아이의 미래 전체가 뒤틀릴지도 모른다는 묵직한 강박 같은 것이 제 안에도 조용히 깔려 있었습니다.

'공부=시켜서 하는 것'이라는 고정관념

아이들에게 공부란 너무 오래전부터 '자기 일'이 아니었습니다. 늘 누군가가 정해 주고, 확인하고, 피드백을 주는 일이었죠. 그 익숙한 반복 속에서 공부는 애초에 '스스로 해 보고 싶은 일'이 될 기회를 잃어버렸는지도 모릅니다. 아이를 잘 키우고 싶다는 마음이 공부를 챙기는 행위로 나타나는 건 너무도 자연스러운 일입니다. 하지만 그 행위가 매일 같이 반복되다 보면 아이의 마음속에서는 자기만의 목소리가 조금씩 잦아들게 됩니다. 공부가 '내가 해 보고 싶은 것'이 아니라 '엄마가 하라고 해서 해야 하는 것'이 되면 아이의 내적 동기는 조용히 힘을 잃어 갑니다.

물론 공부를 챙기는 일은 필요합니다. 그런데 그 '챙김'이 반복되면 '나도 해 볼 수 있다.'라는 감각은 조용히 사라지기 시작합니다. 돌아보면 아이에게 더 많은 것을 주고 있다고 믿었던 시간들이 사실은 스스로 선택할 기회를 조용히 빼앗고 있었던 건 아닐까요? 그 생각 앞에 자주 멈춰 서게 됩니다.

공부 동기는 자율성에서 시작됩니다. 자신이 선택했다는 감각이 약해질수록 아이는 쉽게 무기력해지고, 공부도 스스로 해 보는 일이 아니라 누군가의 지시를 따르는 일로 받아들이게 되지요. 처음에는 그저 "공부가 재미없어요."라는 말로 표현되지만, 점점 "어떻게 해야 할지 모르겠어요."라는 방향을 잃은 마음으로 흘러가는 경우도 많습니다. 결국 부모가 열심히 챙기려 했던 그 손길이 아이가 <u>스스로</u> 판단하고 결정할 수 있는 기회를 조용히 대신해 버리는 셈이 됩니다.

솔직히 말해 보면, 어쩌면 우리는 아이가 실패하게 둘 용기가 없는 걸지도 모르겠습니다. '실수하면 어떡하지? 시험 망치면 어떡하지? 제시간에 숙제를 못 끝내면 어떡하지?' 이런 불안감 때문에 결국 엄마 손이 먼저 나가게 됩니다.

실패해도 괜찮다는 마음부터 가져야 합니다. 물론 저도 마찬가지 입니다. 실패를 막아 버리면 문제는 생기지 않겠지요. 하지만 성장도 없습니다. "숙제 해. 학원 가. 책 읽어." 아이는 결정하지 않아도 됩니다. 엄마가 다 알아서 시키니까요. 그런데 정말 무서운 건 뭔지 아세요? 지시에 반응은 하면서 책임은 지지 않는다는 거예요. "엄마가 하라며." 이 말이 나오면 끝난 거예요.

"과제는 했니?"라는 질문의 함정

"과제는 했니?"

엄마가 그 정도도 안 물어보면 누가 챙기나 싶습니다. 그런데 어느 날 딸이 이렇게 반문하더군요. "엄마는 내가 알아서 할 거라고는 기대 안 하는구나." 시무룩한 이 한마디에 "아니, 그게 아니고……." 라며 얼마나 얼버무렸는지 모릅니다. 아이에게 믿음을 주지 못한 의심의 질문 앞에 말문이 막히더라고요.

그래서 질문을 바꿨습니다. '행동'이 아니라 '계획'을 묻는 걸로요. 아이를 '지시받는 사람'에서 '계획을 세우는 사람'으로 대하기 시작했습니다. "오늘 계획이 어떻게 되니?" 하고 물었더니 아이가 이렇게 대답하더라고요.

"오늘 학원 갔다 오면 7시쯤 되니까 바로 저녁 먹고 씻으면 8시쯤 될 거거든요. 8시부터 빨리 숙제 시작하면 아마 10시 안에는 마칠 것 같아요."

부모는 점검자가 아니라 동행자의 역할만으로도 충분합니다.

"혹시 도움이 필요하면 언제든 엄마한테 요청해." 저 역시 동행자로서 그 자리를 연습하는 중입니다. 무조건 기다리는 것도 아니고 완전히 손을 놓는 것도 아닙니다. 다만 아이가 자신의 리듬으로 해보려는 그 작은 움직임을 조금 더 믿어 보기로 마음먹은 것뿐입니다. 이 작은 변화가 '시키는 공부'에서 '스스로 하는 공부'로 길을 옮겨 가는 조용한 출발점이 되리라 믿어 봅니다.

마음이 가닿는
대화가 사라질 때

하루를 마친 집에서는 익숙한 풍경이 펼쳐집니다.

"밥 먹기 전에 숙제 좀 하고 와. 학원 갔다 와서 빈둥빈둥했잖아."

"알았어……. 곧 할 거예요."

"맨날 '곧'이래. 곧이 도대체 언제야?"

"진짜 금방 할 건데 왜 그래요?"

"오늘 학교는 어땠어? 뭐 재미있는 일 없었어?"

"그냥, 아무 일 없었어요."

"그냥 말고, 누구랑 뭐하고 놀았는데?"

"친구들이랑."

"숙제는 없어? 곧 단원평가 친다고 했잖아. 언제지?"

"몰라, 까먹었어요."

"아니, 그런 걸 왜 까먹어? 도대체 수업 시간에 뭘 듣는 거야."

그 순간 식탁 위 공기가 묵직하게 가라앉았습니다.

언제부터 아이는 마음을 숨기기 시작했을까?

너무 흔하고, 너무 보통이며, 너무 엄마답고, 너무 아이같죠? 밥을 먹으며 점검하고, 숙제를 시키며 확인하고, 틈날 때마다 챙기고 살피는 대화는 많은 가정의 일상입니다. '사랑하니까' 열심히 하는 건데, 묻는 말마다 대답이 성에 안 차고, 처음엔 참았는데 결국 욱하기도 합니다. 사실 아이에게 그날 있었던 이야기를 듣고 싶은 마음이었습니다. 친구와 싸운 건 아닌지, 선생님 칭찬을 들었는지, 점심은 맛있었는지 그냥 궁금할 뿐인데, 그 마음을 매번 '질문'의 형태로 건네다 보면 대화는 어느새 점검표가 됩니다.

"오늘은 뭐 했어?"는 "오늘은 뭐 했어야 했는데, 설마 안 했니?"가 되고, "숙제 했니?"는 "왜 안 했어?"로 들릴 수도 있죠. 말을 걸긴 했는데 아이는 입을 닫고, 우리는 점점 더 목소리를 높입니다.

"오늘 쉬는 시간에 친구랑 싸워서 기분 나빴어요."

"하루 종일 괜히 기분이 꿀꿀했어요."

이런 말은 '점검 받는 대화' 안에서는 꺼낼 수 없습니다. 일상의 대화가 공부 이야기로만 채워질 때 우리는 중요한 것을 놓치고 있는지도 모릅니다. 바로 '관계'입니다.

초등 시기 아이들은 부모의 말 한마디, 표정 하나가 아이의 자기 개념 self-concept 에 깊이 박힙니다. 특히 부모의 실망 섞인 피드백은 '존재' 자체를 부정당한 것처럼 받아들여질 수 있습니다. 결국 아이는 '말하지 않는 것'을 방어 전략으로 삼기도 합니다. 말하지 않으면 상처받지 않으니까요. 실수를 감추고, 감정을 숨기고, 무표정해지며, 눈을 피하고, 대화를 자릅니다. 이 침묵은 단순한 사춘기의 예고가 아니라 '정서적 고립'의 시작일 수 있습니다. 내가 있는 그대로 받아들여지지 않는다고 느낄 때 아이는 가장 가까운 사람에게서 가장 멀어지는 법을 배우게 됩니다.

"아이는 마음속 이야기를 누구에게 할 수 있나요?"

그 대답이 '엄마'나 '아빠'가 아니라면 아이는 하루치 감정을 혼자 삼킨 채 하루를 끝냈을지도 모릅니다. 그 감정은 어디로 갈까요? 어떤 날은 울음이 되고, 어떤 날은 짜증이 되고, 어떤 날은 무기력이 되어 돌아옵니다.

아이는 자기 이야기를 언제 꺼낼 수 있을까?

아이의 감정을 함께 지나가 주는 말들이 아이에게는 무엇보다 큰 위로입니다. '이야기해도 되는 사람이 내 옆에 있구나.' 하는 믿음이 쌓일 때 아이는 마음을 열기 시작합니다. 해결보다 먼저 필요한 건 감정의 공간을 확보해 주는 일입니다.

아이는 부모의 표정에서 말해도 되는 분위기를 읽습니다

아이의 마음은 반응이 안전한 곳에서만 살며시 열린다는 사실을 우리는 자주 잊습니다. 아이는 말보다 '분위기'를 먼저 감지합니다. 무심한 눈빛, 바쁜 손놀림은 '지금은 아니야.'라는 신호로 전해지지요. 상황에 대한 기억이 쌓여 아이는 다음에도 말을 해도 될지 조용히 계산합니다. 아이의 말문은 한순간에 열리지 않습니다. 믿음이 쌓인 어느 날 조용히 자신의 마음을 꺼내 보입니다.

부모가 먼저 자신의 하루를 말해 주세요

"오늘 하루 어땠어?"라는 말은 사실 아이에게는 쉽지 않은 질문입니다. 무언가를 끌어내려고 애쓰는 대신 부모가 먼저 자신의 감정을 나누는 건 어떨까요? 훨씬 좋은 시작이 될 수 있습니다.

"엄마는 오늘 일하다가 실수해서 좀 속상했어. 근데 동학년 선생님들이 괜찮다고 말해 줘서 마음이 놓였어. 넌 오늘 어땠어?"

"아까 장 보러 갔는데 사람들이 계산하면서 줄을 안 서는 거야. 속으로 엄청 짜증 났어. 너는 오늘 짜증 났던 일 있어?"

부모가 먼저 감정을 솔직하게 나누면 아이도 자기 마음을 표현하는 연습을 하게 됩니다.

'왜?' 대신 '그랬구나!'로 답해 주세요

"아, 그랬구나!"

"그런 일이 있었구나."

"속상했겠다, 말해 줘서 고마워."

이 짧은 말들 안에는 설명하지 않아도 괜찮고, 울어도 괜찮고, 말 없이 있어도 괜찮다는 정서적 허락이 담겨 있습니다. 말을 길게 하는 것보다 감정을 함께 느껴 주는 말 한마디가 아이에게는 더 큰 위로가 됩니다.

해결보다 공감을 먼저 해 주세요

부모는 아이의 이야기를 더 잘 들어주고 싶어 합니다. 그런데 막상 아이가 속마음을 꺼내기 시작하면 우리는 너무 빨리 '조언'을 꺼내곤 하지요.

"그럴 땐 다음엔 이렇게 해."

"그건 네가 먼저 잘못한 거잖아."

이런 말들은 아이를 걱정하는 마음에서 비롯되지만, 정작 아이는 '해결'보다 '공감'을 원합니다.

"그래서 어떻게 했어?"

"아, 그랬구나. 그래서 기분이 어땠어?"

"그 말 들었을 때 좀 속상했겠다."

먼저 이해받았다는 느낌이 들 때 아이는 스스로 답을 찾을 힘을 얻게 됩니다. 해결은 그다음에 해도 늦지 않습니다.

아이들은 위로받을 곳이 필요합니다

최근 한 기사를 읽고 며칠 밤잠을 설쳤습니다. 부산에서 같은 예고를 다니던 여고생 3명이 함께 생을 마감한 일이 마치 제 일처럼 전이되어 한참 힘들었거든요. '엄마, 사랑해.'를 카톡으로 남기고 죽음을 선택하기까지 얼마나 힘든 나날을 보냈을까 생각하면 가슴이 무너집니다. '아이들은 그동안 가족에게 죽고 싶을 만큼 힘들다는 표현을 얼마나 했을까요? 그러한 신호를 가족은 알아챘을까요? 의지할 곳은 같은 어려움을 겪은 친구들뿐이었을까요?'

분명 말할 곳이 필요했을 거예요. 하지만 말하는 것이 안전하지 않다고 판단했을지도 모르겠습니다.

우리는 어떻게 해야 할까요? 아이들이 마음을 털어놓을 수 있는 안전한 공간을 만들어 주는 것부터 시작해야 하지 않을까요? 엄마가 아무 말 안 하고 토닥여 줬던 순간, 아빠가 고개를 끄덕이며 그럴 수 있다고 해 줬던 기억이 아이 마음속 깊이 자기를 지지해 준 경험으로 남습니다. 아이가 정답을 원하는 순간은 많지 않습니다. 그저 들어줄 사람을 원할 때가 더 많아요. 말이 닿기 전에 마음이 먼저 닿을 수 있도록 오늘 저녁 그 조용한 시작을 다시 해 보면 어떨까요?

며칠 전 제 딸과 있었던 일이 떠오릅니다. 늦은 저녁 딸아이가 역사 시험지를 들고 집에 들어서더니 그대로 주저앉아 울음을 터뜨렸습니다.

"어떡해, 엄마……. 이제 정말 어떡하지?"

떨리는 목소리 사이로 흘러나온 그 말에 저는 즉시 '해결사 모드'로 전환됐습니다. 앞으로의 공부 계획부터 복습 방법까지 체계적이고 논리적인 조언들을 줄줄이 쏟아 냈어요. 그런데 이상했습니다. 제 말이 길어질수록 아이의 울음소리는 더 커졌거든요.

"엄마, 나도 다 알아요."

아이가 눈물범벅이 된 얼굴로 말했습니다.

"더 열심히 해야 한다는 것도, 꼼꼼히 공부해야 한다는 것도 누가 모르겠어요? 나는 그냥…… 그냥 괜찮다고 말해 주길 바랐을 뿐이에요."

그 순간 가슴이 철렁 내려앉았어요. 저는 눈물을 흘리는 아이의 마음이 아니라 문제부터 해결하려 했던 것입니다. 상처받은 마음을 어루만져 주기보다 그 위에 또 다른 숙제를 얹어 주고 있었던 거였죠.

"많이 속상했겠네. 속상한 만큼 눈물이 나는 거겠지. 틀려도 괜찮고, 울어도 괜찮아."

그제야 아이는 고개를 들었습니다. 눈물을 훔치더니 "이제 다시 계획을 세워 봐야겠어요."라며 제 방으로 향했습니다. 그 뒷모습이 어쩐지 한결 가벼워 보였어요. 정작 제 아이 앞에서는 그 단순한 진리를 놓치고 있었습니다. 때로는 해답보다 공감이, 조언보다 따뜻한 침묵이 더 큰 힘이 된다는 것을요.

사교육, 피할 수 없다면
기준이 단단해야 한다

"선생님도… 아이 학원에 보내세요?"

강의가 끝난 뒤 조심스럽게 손을 든 어머니가 물었습니다. 마치 이미 답을 알고 있다는 듯 눈빛은 잠깐 흔들렸습니다. 이 시대 부모라면 보내지 않을 리 없다는 걸 누구보다 잘 알 겁니다. 지금 이 나라에서 '사교육 제로'로 아이를 키운다는 건 이상주의에 가까운 말이니까요.

그럼요, 저도 보냅니다. 교육이라는 한 우물만 파온 저도 아이가 자라며 그 문을 두드리지 않을 수 없었습니다. 다만 저는 '어디를 보냈는지'보다 '어떻게 보냈는지'를 전하고 싶습니다. 제게는 한 가지 철칙이 있습니다. 남들이 좋다고 했다거나 입소문 난 강사를 이유로는 절대 선택하지 않는다는 것입니다. 이유는 단순합니다. 내 아이에게도 좋다는 보장은 없으니까요.

저는 늘 발품을 팝니다. 아이의 기질과 리듬에 맞는 곳들을 손에 꼽을 수 있을 만큼 미리 추려 둡니다. 물론 그 과정이 순탄했던 건 아닙니다. 최선의 선택지라 여긴 곳에서 "별로야!"라는 아이의 피드백을 받기도 했고요. 아이가 좋다고 선택한 곳이 정작 학습 효과는 별로인 경우도 있었거든요. 그런데도 아이가 직접 수업을 들어보기도 하고, 선생님과 대화를 나눌 기회를 가지면서 자신에게 필요한 도움을 스스로 찾아볼 기회를 끊임없이 줬습니다. 작은 선택 안에서 '자기 삶의 주도권'을 경험시키고 싶었거든요.

당연히 아이가 학원을 다니다 보면 처음엔 신나 하던 수업이 어느 날은 지루하고 버겁게 느껴질 수 있어요. 그럴 때 저는 감정에 따라 섣불리 그만두는 결정을 허락하지 않습니다. 대신 다음 두 가지를 요구합니다.

- 그만둘 이유 근거를 들어 말하기
- 앞으로의 대안 제시하기

이건 단순한 설득이 아닙니다. 아이가 자기 마음을 들여다보고 감정과 판단을 구분해 보는 시간입니다. 왜 힘든가를 말로 설명해야 하니 스스로의 내면을 살피게 되고, 대안을 생각해야 하니 책임의 무게를 작게나마 체감하게 됩니다. 아이는 선택을 연습하고, 부모는 그 선택을 지켜보는 연습을 계속 해야 합니다.

어느 날 아이가 이렇게 말하더라고요.

"요즘 수업이 너무 어려워. 그래서 더 공부해야겠다는 생각이 들어."

그 말에 저도 모르게 입꼬리가 올라갔습니다. 배움이 아이 안에서 일어나는 순간이었으니까요.

저는 아이가 시키는 일만 잘하는 어른이 되지 않기를 바랍니다.

"누가 하니까 나도 해야지."

"엄마가 하라니까……."

이런 태도에서 출발한 공부는 아이 안에서 불꽃을 피우기 어렵습니다. 학원 선택이라는 작은 결정 하나에도 아이 스스로 선택하고 책임지는 연습이 필요합니다. 그건 단지 수업 하나를 고르는 일이 아니라 자기 삶의 방향을 정하는 일이니까요.

사실 '사교육은 무조건 안 된다.'라고 말하기엔 현실이 그리 단순하지 않잖아요. 저도 아이를 키우면서 사교육을 도구로서 잘 활용하려고 노력하거든요. 우리 아이만의 속도와 특성을 지켜보면서 '이 아이에게 진짜 필요한 것'을 분별해 내려고 묻고 또 묻습니다. 아이마다 타이밍도 방식도 다르니까 '모두가 하니까 우리도' 대신 '우리 아이에게 꼭 필요한가?'라는 질문으로 한 번 더 점검해 보는 거죠. 이런 과정을 거쳐서 내린 결정이라면 어떤 선택이든 분명 아이에게 도움이 될 거라고 믿습니다.

기준이 있는 사교육을 선택하는
네 가지 방법

요즘은 초등학생도 학원 일정이 꽉 차 있습니다. 수학은 수학대로, 영어는 영어대로, 거기에 독서니 코딩이니 어느새 시간은 쪼개지고 또 쪼개집니다. 점점 바빠지는 아이의 일정 앞에 가끔은 이게 맞나 싶기도 합니다.

"이 학원이 정말 우리 아이에게 도움이 되는 걸까?"

"시간과 돈을 들인 만큼 내 아이의 배움이 깊어지고 있는 걸까?"

학원이 아이에게 어떤 시간이 되고 있는지 부모는 늘 돌아봐야 합니다.

1. 큰 학원이 무조건 좋다는 생각은 버리세요

 화려한 간판, 체계적인 시스템, 이름난 강사까지 겉으로는 완벽해 보이는 대형 학원이라도 그 안에서 우리 아이가 '말 없는 청중'이 된다면 아무 소용 없습니다. 질문 한 번 못 해 보고, 이해가 안 된 채 그냥 넘어가는 시간들은 배움이 아니라 출석일 뿐이지요. 사실 초등 수준의 교과 내용은 그리 어렵지 않습니다. 중요한 건 천천히 자기 말로 풀어내는 힘이에요. 그런 의미에서 초등 시기의 아이들에게는 학원 수업 자체보다 교사와 아이의 거리감이 결정적입니다. 아이의 질문에 귀 기울여 주고, 실수에도 따뜻하게 반응해 주는 선생님을 만나는 일이 학원 간판을 따지는 것보다 훨씬 더 중요합니다.
 교육심리학에서는 '교사-학습자 간 상호작용 빈도'가 학습 효과에 결정적인 영향을 미친다고 말합니다. 수업 안에서 '나는 존중받고 있다.', '나도 중요한 학생이다.'라는 감각을 아이가 갖고 있는지가 가장 중요합니다. 사교육을 한다는 사실보다 중요한 건 그 안에서 아이가 사람을 만나고, 존중받고, 스스로 성장시키는 경험을 하고 있느냐입니다.

- 아이가 수업 시간에 질문하거나 자신의 생각을 말할 기회가 있나요?
- 아이의 이해 수준에 맞춰 설명하고 부족한 개념을 짚어 주나요?
- 학원에서 아이가 '나는 존중받고 있다.'라는 감각을 느끼나요?

2. 숙제가 지나치게 많은 학원은 경계하세요

숙제를 품에 안고 돌아오는 아이의 손엔 두툼하게 제본된 프린트물이 들려 있습니다. '이 학원, 공부 참 많이 시키는구나.' 처음엔 안심이 되죠. 뭔가 꽉 채워진 느낌에 알뜰하게 시간과 돈을 쓰는 것 같아 흐뭇하기도 합니다.

맞아요. 대부분의 학원은 숙제가 기본값입니다. 배운 내용을 복습하고 정리하려면 일정한 양의 연습은 당연히 필요하니까요. 문제는 '양과 질', 그리고 그 숙제가 아이에게 남기는 감정의 무게입니다. 많은 부모는 '양'에 안심합니다. 하지만 숙제가 많다는 건 공부를 많이 시킨다는 뜻이 아닙니다. 문제집, 단어 암기, 워크북, 프린트물이 아이를 짓누르기 시작하면 공부는 부담이 되고 엄마와 아이 사이엔 작은 전쟁이 벌어집니다.

중요한 건 그 숙제가 아이의 학습을 돌아보는 '시간'인지, 아니면 단지 채워야 할 '양'인지입니다. 학원에서 숙제를 검사만 하고 틀린 문제에 대한 피드백이 없다면 시간 낭비일 뿐이에요. 학습에서 가장 깊은 성장은 틀렸던 문제를 다시 바라보는 순간에 일어납니다. 숙제 검사가 단순히 '했는지 안 했는지'로 끝나는 학원은 아이에게 '과업을 완수했다.'라는 착각만 남깁니다. 숙제가 많아질수록 부모의 감정 노동도 자연스레 늘어납니다. "숙제했니?", "빨리 풀어!", "왜 또 안 했어?"와 같은 말들은 아이의 내적 동기를 꺼뜨리는 독이 됩니다. 양은 쌓이지만 배움은 남지 않을 수 있습니다. 결국 중요한 건 숙제를 '얼마나 내주느냐'가 아니라 '어떻게 다루느냐'입니다.

- 숙제가 아이의 수준에 맞는 적절한 양인가요?
- 피드백이 제대로 이루어지고 있나요?
- 아이가 숙제를 통해 '무엇을 알게 되었는지' 스스로 말할 수 있나요?

3. 전 과목 다해 주는 학원은 자율성을 앗아 갈 수 있어요

"여기 하나만 다니면 다 돼요."

꽤 그럴듯한 말이죠? 아이 공부를 한 번에 맡길 수 있고, 바쁜 부모 입장에서는 시간 관리도 쉬워 보입니다. 하지만 교육에서 가장 조심해야 할 것은 바로 이런 식의 '완벽함'입니다. 계획도, 진도도, 복습도 전부 학원이 정해 주는 시스템 안에 들어가면 아이는 생각할 여지도, 스스로 움직일 기회도 없습니다. 학원에서 계획표를 짜 주고, 복습 범위를 정해 주고, "이대로만 하면 돼요."라는 시스템에 익숙해지면 아이는 점점 자신이 공부를 '할 수 있다.'라는 감각을 잃습니다. 앞에서도 설명드린 것처럼 자율성, 유능감, 관계성 이 세 가지가 채워질 때 아이의 동기는 가장 안정적이고 깊이 있게 지속됩니다. 그중에서도 초등 시기에 가장 먼저 뿌리내려야 할 것은 바로 자율성입니다. 그런데 전 과목을 일괄 관리하는 학원에서는 이 자율성이 설 자리를 잃습니다. 아이들은 자기 리듬대로 조절해 보고, 어떤 날은 욕심도 내 보고, 또 어떤 날은 계획이 어그러져 속상해도 보는 등 우여곡절을 겪으며 진짜 '학습하는 사람'이 됩니다. 공부는 '스스로 생각하고 계획하는 힘'에서 시작돼야 하거든요. 완벽한 시스템은 아이의 성장 기회를 빼앗을 수도 있습니다. 부모는 '편리함'보다 조금은 돌아가는 듯 하더라도 스스로 선택하는 법을 가르쳐야 합니다. 학원은 아이의 학습을 돕는 보조자이지 아이의 인생을 대신 선택해 주는 결정자가 되어선 안 됩니다.

- 아이가 자기 주도적으로 공부 계획을 세워 본 적 있나요?
- 학원 시스템이 아이의 리듬과 속도를 고려해 조정 가능한 구조인가요?
- 공부를 끝냈을 때 "해냈다!"라는 느낌보다 "시켰으니 했지!"라는 감정이 더 크진 않나요?

4. 불안감을 자극하는 학원은 단호히 멀리하세요

며칠 전 친한 지인으로부터 전화가 왔습니다. 수화기 너머로 들리는 목소리는 평소와 달랐습니다. 중학교 1학년 딸아이가 대형 학원에서 전 과목 모의고사를 치렀는데, 결과를 들으러 간 자리에서 충격적인 피드백을 들었다는 겁니다. 국어에서 추론 문제를 다 틀렸다고 하더군요. 학원 상담실장은 "지금 당장 국어를 제대로 잡지 않으면 나중에 후회할 거다."라는 말을 단호하게 던졌답니다. 그 순간 아이의 눈에서 닭똥 같은 눈물이 뚝뚝 떨어졌다고 해요. 아이도, 엄마도 무너졌습니다. 그 전화 속 목소리는 자책과 불안, 혼란으로 엉켜 있었습니다. 저는 조심스럽게 말했습니다.

"추론 문제는 원래 어려운 유형이에요. 오히려 약한 유형이 뭔지 알고 돌아온 거니까 정말 의미 있는 시간이었어요. 다른 유형이 탄탄하다는 건 오히려 칭찬받을 일이에요. 추론은 지금부터 차근히 하면 충분히 잘할 수 있다고 꼭 이야기해 주세요."

저는 아이의 무너진 마음에 조용히 반창고를 붙여 주었습니다.

"지금 안 하면 늦어요."

"다른 집 아이들은 벌써 중등 과정까지 끝냈어요."

"선행 안 하면 그때 가서 후회해요."

이런 말을 들으면 부모 마음은 금세 흔들립니다. 죄책감이 올라오고 지금까지 뭘 놓친 건 아닌가 하는 불안과 조급함이 파도처럼 밀려오지요. 이런 감정은 학원 마케팅의 '좋은 연료'가 됩니다. 불안은 소비를 일으키고 조급함은 판단을 흐리게 하니까요. 결국 속도전에 휩쓸리면 준비도 안 된 선행 개념이 눈앞에 쏟아집니다. 이해하지 못한 채 진도를 따라가야 하고, 질문할 용기를 내기도 전에 다음 단원으로 넘어가죠. 그 과정에서 아이가 느끼는 것은 '나는 못 따라가는 아이', '나는 원래 수학에 약한 아이'라는 자기 낙인이에요. 자기 낙인은 자존감을 흔들고, 공부를 향한 태도 자체를 바꿔 버립니다. 교육심리학에서는 이 과정을 '학습된 무기력 learned helplessness'이라고 설명합니다. 무리한 학습에서 반복적으로 실패를 경험한 아이는 노력해도 소용없다는 감정에 익숙해지고, 결국 자발적 시도 자체를 꺼리게 됩니다.

부모가 사교육 시장에서 가장 경계해야 할 것은 '뒤처질까 봐.'라는 불안입니다. 그리고 아이가 가장 경계해야 할 감정은 '나는 원래 못하는 아이야.'라는 조용한 단념입니다. 지금 아이에게 정말 필요한 건 누구보다 빠르게 달리는 힘이 아니라 지금 배우는 것을 스스로 완성할 수 있다는 확신입니다.

- 내 아이의 현재 상태를 묻기 보다 남들은 다 이렇게 한다는 말을 더 많이 하지는 않나요?
- 아이의 가능성이나 장점보다 부족한 부분과 위험성을 더 강조하고 있지는 않나요?
- 이 학원의 성과나 후기가 상위권 학생의 결과만 보여 주는 홍보는 아닌가요?

학원은 많고, 정보는 넘칩니다. 그 속에서 아이를 바라보는 부모의 마음은 자주 흔들립니다. 학원을 선택한다는 건 아이의 시간을 누구에게 맡길지 결정하는 일입니다. 그 시간 안에서 아이가 무엇을 경험하고, 어떤 감정을 남기고 돌아오는지 부모는 조용히 묻고 또 물어야 합니다. 학원이 떠먹여 준 지식을 그대로 받아먹고 오는 것인지, 아니면 스스로 생각하고, 질문하고, 실패해 보는 시간이었는지를요. 아이는 선택을 연습하고, 부모는 그 선택을 지켜보는 연습을 해야 합니다. 때로는 틀릴 수도 있고 돌아가야 할 수도 있을 거예요. 하지만 그 과정 자체가 아이에게는 값진 배움이 될 것입니다.

기초 공사 없는 선행으로
흔들리는 아이의 뇌

우리말이 서툰 아이들 앞에 놓인 영어 시험지를 본 적이 있습니다. 마음이 착잡하더군요. 중·고등학교에서나 볼 법한 어려운 지문들이 빼곡했거든요. 아이들은 그걸 단기간에 외워서 시험을 봅니다. 이해보다 외우는 속도가 중요해지는 시스템인 거죠. 하지만 이해 없이 외운 정보는 뇌에 남지 않습니다. 정서적인 연결이 없으니까 금방 사라져 버리는 거예요.

학습은 뇌의 에너지로 이루어지는 활동입니다. 정서적으로 안정된 아이는 뇌가 학습에 쓸 자원을 여유 있게 남겨 둡니다. 하지만 불안하거나 긴장하면 어떻게 될까요? 뇌가 '위험 상황'이라고 판단해서 방어 모드로 전환합니다. 그러면 정작 학습 회로는 제대로 작동하지 않게 되죠. 이런 상태가 계속되면 정말 공부해야 할 시기에 스스로 학습하지 못하는 아이가 될 수 있어요. 이렇게 말하면 종종 이런 질문을 받습니다.

"그래도 요즘은 영어 유치원에서 친구들과 놀면서 배우잖아요. 미국 아이들도 다 그렇게 배우는 거 아닌가요? 어릴 때부터 놀면서 배우면 좋은 거 아닌가요?"

표면적으로 보면 맞는 말 같습니다. 하지만 여기에는 중요한 차이가 숨어 있습니다. 문화적 맥락과 교육 시스템의 차이라는 본질적인 조건이 빠져 있거든요. 미국 아이들이 영어로 노는 것은 그들의 생활 언어이기 때문입니다. 반면 한국의 유아에게 영어는 생활이 아닌 학습의 도구입니다. 이 차이가 생각보다 큽니다.

뇌는 나이에 따라 발달 순서가 정해져 있다

무엇보다 우려스러운 건 그 조기 자극 속에서 무언가를 놓치고 있다는 점입니다. 아이의 뇌는 각 시기에 반드시 받아야 할 자극이 있습니다. 발달 심리학에서는 이를 '적정 자극'이라고 부릅니다. 각 시기마다 꼭 필요한 자극이 있어야 신경망이 안정적으로 형성됩니다. 예를 들어, 3세에서 7세까지 유아기는 지식을 쌓기보다 '사람이 되는 법'을 배우는 시기입니다. 감정을 표현하는 법, 다른 사람을 기다리는 마음, 내 욕구를 미루는 경험이 어른이 된 후에도 삶의 기반이 되어 주는, 말하자면 뿌리 같은 것들입니다. 그런데 이 시기에 인지 자극이 과도하게 들어오면 정서적 경험은 빈약해지고 사회성은 마를 수 있습니다.

기초 공사도 끝나기 전에 고층 건물을 세운다면 어떨까요? 위태롭지만 일단 올라가긴 합니다. 높아도 보입니다. 마찬가지로 아이는 외운 것을 쏟아 내고, 문제를 풀긴 풉니다. 하지만 정작 감정은 조절하지 못하고, 뜻대로 되지 않으면 쉽게 무너집니다. 그 무너짐은 어떤 날은 짜증, 어떤 날은 무기력, 또 어떤 날은 의존으로 나타납니다.

이른 선행은 뇌에 균열을 남긴다

인간의 뇌는 받아들일 수 없는 수준의 자극이 반복되면 방어 기제를 작동시킵니다. 그 자극이 아무리 '교육적인 것'이라 해도 말이지요. 유아기 아이가 집중할 수 있는 시간이 10~15분 남짓이라는 사실을 떠올려 보세요. 그런 아이에게 긴 시간 책상 앞에 앉아 문제를 푸는 것은 공부 자극이 아니라 스트레스입니다. 스트레스는 단순히 심리적인 불편감으로 끝나지 않습니다. 뇌 발달 자체에 균열을 남길 수 있습니다. 뇌과학에서는 이를 ELA **Early Life Adversity**(조기 생애 역경)라고 부릅니다. 학대나 방임처럼 명백한 외상뿐 아니라 받아야 할 자극이 주어지지 않았을 때, 혹은 지나친 인지 자극으로 정서 발달이 방해받을 때도 포함됩니다. 말하자면, '지나치게 이른 학습'도 하나의 생애 스트레스가 될 수 있다는 뜻이죠.

여러 뇌 발달 연구들이 경고하는 부분이 있습니다. 이른 시기의 스트레스는 뇌 속 시냅스 형성과 신경 세포 생성에 직접적인 영향을 미친다는 거예요. 시냅스는 뇌세포 간의 연결망인데, 이 연결이 3세에서 6세 사이에 가장 폭발적으로 증가합니다. 이 시기 뇌의 핵심 과제는 '연결'보다 '정리'입니다. 뇌가 스스로 정리정돈을 하는 거죠. 이를 '가지치기' 또는 시냅스 제거라 부릅니다. 여기서 결정적인 역할을 하는 것이 미세 아교 세포microglia라는 특별한 세포들입니다. 이 미세 아교 세포는 뇌 속의 '청소부' 같은 존재입니다. 불필요한 시냅스를 골라내서 제거하거든요. 문제는 이 시기에 지나친 스트레스나 불필요한 자극이 반복되면, 이 청소부 역할을 하는 미세 아교 세포들이 제 기능을 못하게 된다는 거예요. 그러면 뇌는 정리되지 않은 채 불필요한 시냅스를 계속 안고 가게 되고, 결국 신호가 엉키면서 중요한 신경 회로 형성이 방해받게 되는 거죠.

우리는 종종 '정보는 많을수록 좋다.'라고 생각합니다. 하지만 뇌에게 있어 불필요한 연결은 오히려 '잡음'이 됩니다. 예쁜 꽃이 자라려면 잡초는 뽑아 줘야 하잖아요. 아이의 뇌도 마찬가지입니다.

초등학교 입학 전후부터 본격적으로 발달하기 시작하는 것이 바로 뇌의 '컨트롤 타워', 즉 전두엽입니다. 고차원적 사고, 문제 해결,

인지 조절, 자기 통제 기능을 담당하는 이 전두엽은 청소년기를 지나 20대 중반에 이르러서야 완성됩니다. 초등학생쯤 되어야 40분 수업, 10분 휴식이라는 구조화된 교실에 비로소 적응할 수 있는 것도 같은 맥락입니다. 영어 교육이 초등학교 3학년부터 정규 교과로 시작되는 것도 여기서 이유를 찾을 수 있습니다. 언어라는 건 정서적 안정과 상호작용이라는 기반 위에서 흡수되는 기능이거든요. 뇌 발달 순서를 제대로 고려한 결과인 셈이지요. 하지만 현실은 어떤가요? "나중에 수학과 과학에 집중하려면 영어는 미리 끝내 놔야 해.", "뒤로 갈수록 할 게 많아져서 영어는 유아기에 다져야 해." 이런 조급한 논리들이 아이의 학습 시계를 자꾸 앞당겨 결국 유아기까지 내려옵니다.

물론 모든 스트레스가 편도체와 해마를 손상시키고 우울이나 자살 위험으로 이어진다는 뜻은 아닙니다. 모든 아이가 동일한 방식으로 상처를 받는 것도 아니고요. 하지만 그에 준할 만큼 뇌와 마음에 깊은 흔적을 남길 수 있다는 사실은 꼭 기억해야 합니다.

그렇다면 우리는 어떻게 해야 할까요? 답은 생각보다 단순합니다. "무엇을 시킬까?"보다 "어떻게 지킬까?"를 먼저 고민하는 거예요. 뇌는 정보보다 감정을 먼저 기억하거든요. 아이가 학습을 통해 남기는 첫 기억은 '이건 재밌었어', '할 만한데?'라는 감정이어야 합니다.

타이밍보다 기초를 생각해 주세요. '다른 애보다 빨리'가 아니라 '이 아이가 지금 이걸 받아들일 준비가 되었을까?'를 물어보는 거죠.

내용보다 맥락을 중요하게 여겨 주세요. 문맥 없는 정보 주입은 해마와 연결되지 않아 기억으로 남지 않습니다. 놀이, 이야기, 감정과 연결된 경험이 진짜 뇌를 활성화시키거든요.

성과보다 정서를 먼저 챙겨 주세요. 아이의 실수에 대한 감정 반응을 부모가 어떻게 처리하느냐가 핵심입니다. 이런 마음으로 아이를 지켜보신다면 그게 바로 가장 깊은 뇌 연결, 가장 긴 학습 기억이 될 거예요.

요즘 아이들이
사회성이 떨어지는 이유

1학년 주하는 어딜 가든 주목받는 아이입니다. 조그마한 입에서 또렷하고 맑은 영어가 술술 흘러나오는 모습을 보면 마치 외국 생활을 오래 한 아이처럼 느껴집니다. 말 그대로 '리터니 returnee'가 아닐까 싶은 착각이 듭니다. 세련된 발음에 어른인 저도 은근한 부러움이 일었습니다.

하지만 부러움은 거기까지였습니다. 담임인 저도, 주하 엄마도 요즘은 걱정이 더 큽니다. 단도직입적으로 말하자면, 주하에겐 친구가 없습니다. 단 한 명도요. 물론 혼자 노는 것이 반드시 문제는 아닌 아이들도 있습니다. '자기 결정적 고독 동기', 즉 스스로 고독을 선택하고 즐기는 아이들도 있거든요. 하지만 주하는 아니었습니다. 친구들과 어울리고 싶어 했어요. 그런데 다가가는 방법을 몰랐고, 누군가 다가왔을 때에도 어떻게 반응해야 할지 몰라 늘 마음을 졸였습니다. 또래 친구들 역시 서툰 1학년이다 보니 주하의 어색한 반응에 어찌할 바를 몰랐고, 결국엔 조심스레 주하 곁을 비켜서게 되었지요. 엄마도, 저도 여러 방법을 시도해 보았지만 상황은 쉽게 나아지지 않았어요.

그날 상담 온 주하 엄마는 끝내 눈물을 참지 못했습니다.

"주하는 어릴 때부터 친구가 없었어요. 제가 친구랑 놀 기회를 못 준 것 같아요. 말도 제대로 트이기 전부터 영어를 잘했으면 했거든요. 그래서 영어만 쓰는 곳에 보냈는데……. 아이가 공부할 게 너무 많다 보니까 또래 애들이랑 있어도 서로 놀 시간이 없었던 것 같아요. 늘 뭔가에 쫓기듯이……."

주하는 이중 언어를 얻었지만 사회성은 얻진 못했습니다.

요즘은 주하처럼 교우 관계로 고민하는 아이들이 더 많아졌습니다. 갈등이 해소되지 않아 등교를 거부하거나, 작은 오해로도 깊은 상처를 입고 오랫동안 마음을 회복하지 못하기도 하지요. 그래서인지 요즘은 타인의 감정을 읽는 법, 자신의 감정을 솔직하게 표현하는 법, 갈등을 말로 해결하는 법을 다룬 강의와 책들이 쏟아지고 있습니다. 이런 현상 자체가 지금 아이들이 정서와 사회성 발달에서 얼마나 많은 어려움을 겪고 있는지 보여 주는 지표일지도 모릅니다.

이유는 분명해요. '결정적 시기'를 놓쳤기 때문입니다. 아이들은 만 3세부터 만 6세 사이 세상에 대한 본격적인 탐색을 시작합니다. 심리학에서는 이 시기를 '탐색의 시기'라고 부릅니다.

"세상엔 엄마, 아빠만 있는 줄 알았는데, 친구도 있고, 선생님도 있고, 형아도 있네?"

형제가 없는 아이에게도 유치원, 어린이집, 놀이터 같은 공간은 충분한 사회적 자극이 됩니다. 이 시기 아이는 '나'만 있던 세계를 벗어나 다른 사람을 만나며 자연스럽게 사회성을 배웁니다. 자기가 배려했더니 친구가 스티커를 주는 사회적 경험을 통해 아이는 '주는 게 있으면 받는 것도 있구나.'라는 인간관계의 원리를 배웁니다. 사회성은 단순히 인사를 잘하는 기술이 아니거든요. 누군가를 배려하고, 타인의 입장을 헤아리고, 자기중심적인 사고에서 조금씩 벗어나 가는 과정 전체가 바로 사회성입니다.

사회성의 기초는 늦어도 만 6세까지, 길게 보아도 초등 저학년까지 다져져야 합니다. 이 시기에 정서적으로 충분히 안정되고 사회 속에서 다양한 관계를 경험한 아이는 이후 인지적인 자극을 받아도 더 깊이 이해하고 흡수할 수 있습니다. 그런데 요즘은 이 순서가 거꾸로입니다. 인지적 자극, 곧 학습 자극이 먼저 들어오니까요. 영어 단어 100개, 수학 문제 30개가 먼저 일상에 자리를 잡고 있습니다. 정작 '사회'라는 첫 무대인 학교에 들어왔을 때 친구와 갈등을 겪으면 어떻게 말해야 할지 몰라 눈물부터 쏟고, 감정을 조절하지 못해 말보다 손이 먼저 나가기도 합니다. 지문을 읽고도 "이게 무슨 뜻이야?"라고 묻는 아이들은 사실 '글'을 읽지 못한 것이 아니라, '타인의 생각'을 읽는 연습이 부족했던 것일지도 모릅니다.

다행히 주하는 서툴지만 친구들에게 한 걸음씩 다가가는 연습을 하고 있습니다. 가장 큰 변화의 원동력은 주하 엄마였습니다. 매일 가던 영어 학원을 주 2회로 줄이고, 대신 동네 태권도장에 보낸다고 했습니다. 그동안 쌓아 둔 영어 실력이 정체될까 봐 얼마나 고민했을지 짐작이 갑니다. 그 결정이 옳았다는 것을 증명하듯 주하에게 변화가 나타나기 시작했습니다. 처음엔 어색해하던 주하가 짝을 이뤄 동작을 연습하고, 친구들과 몸으로 놀면서 조금씩 달라진 거죠. 물론 아직 완전하지는 않습니다. 하지만 주하는 계속 도전 중입니다. 또래와 부딪히고, 어색해하고, 때로는 실수하면서 천천히 사회 속에서 자신의 자리를 찾아가고 있거든요. 영어 단어 하나 더 익힐 시간보다 더 소중한 시간을, 조금은 늦었지만 지금이라도 충분히 누리고 있어서 참 다행입니다.

빨리 큰 아이는
사춘기에서 무너진다

같은 아파트, 같은 라인에 살던 재형이라는 아이가 있었습니다. 유난히 조용하고 얌전한 아이였어요. 제가 그 집을 떠나 이사를 나오기까지, 즉 재형이가 중학생이 될 때까지 우리는 참 자주 만났습니다. 특히 제가 두 아이를 키우며 육아 휴직을 하던 시기에는 더욱 그랬어요. 맞벌이 가정이라 재형이는 낮 시간을 종종 우리 집에서 보내곤 했습니다. 그때 재형이는 초등학교 3~4학년쯤이었고, 제 아이들은 혀 짧은 소리로 말을 배우던 네댓 살 무렵이었지요. 어린 동생들과 블록을 맞추고, 동화책을 읽어 주며, 인형에게 이름을 붙여 가며 함께 놀아 주는 재형이의 모습은 마치 작은 어른 같았습니다.

착하고 온순하며 사랑스러웠던 재형이는 높은 경쟁률을 뚫고 우리 지역에서 손꼽히는 유명 사립 중학교에 입학했습니다. 우리 집은 그 무렵 이사를 하게 되어 얼굴을 자주 보진 못했지만, 함께 나눈 시간이 깊었기에 종종 재형이 소식을 전해 듣곤 했지요.

그런데 최근 들려온 재형이 소식은 제 마음을 아프게 했습니다. 중학교는 간신히 졸업했고, 고등학교는 입학한 지 얼마 되지 않아 자퇴를 했다는 것이었어요. 어떤 이들은 자퇴가 아니라 퇴학을 당했다고도 하더라고요. 최근에는 오토바이를 타고 다니며 도로 위를 방황하고 있다는 이야기가 들려왔어요. 어디까지가 사실인지 알 수 없지만, 재형이 이름 앞에 붙은 낯선 소문들이 마치 제 아이 일처럼 서늘하게 다가왔습니다. 저는 종종 그 아이가 우리 집 거실 바닥에 엎드려 동생들에게 동화책을 읽어 주던 모습을 떠올립니다. 그 아이는 어쩌다 상상하지도 못한 곁길로 들어서게 된 걸까요?

재형이처럼 겉으로 '빨리 큰 아이'는 종종 칭찬과 기대를 동시에 받습니다. 하지만 그 아이들이 사춘기에 접어들며 갑자기 무너지는 모습을 우리는 종종 목격하게 됩니다. 감정이 과도하게 요동치거나, 갑자기 공부를 완전히 놓아 버리거나, 혹은 충동적인 선택을 반복합니다. 그럴 때 어른들은 말하곤 하지요.

"사춘기라 그래."

하지만 그 말만으로는 설명되지 않는 일이 있습니다.

감정을 건너뛴 아이,
뇌의 기초 공사가 약해진다

아이의 뇌는 단순히 나이를 먹는다고 완성되지 않습니다. 특히 유아기에서 초등 저학년까지는 '정서적 기초 공사'가 이루어지는 아주 중요한 시기입니다. 이 시기에 뇌 발달의 중심은 변연계입니다. 변연계는 감정의 거점이자 기억의 창고입니다. 그중에서도 편도체는 공포나 위협에 민감하게 반응하는 감정 센터이고, 해마는 감정과 연결된 기억을 저장하는 곳입니다. 이 변연계가 안정적으로 작동하려면 감정이라는 연료가 충분히 주어져야 합니다. 울고, 떼쓰고, 실망하고, 질투하고, 외로워하고……. 이 모든 감정을 엄마나 아빠라는 안전한 관계 안에서 마음껏 느끼고, 그 감정을 말로 받아 주고, 이름 붙여 주는 과정을 거쳐야 비로소 아이의 뇌는 감정을 조절할 수 있는 기본 회로가 만들어집니다.

문제는 겉으로는 말을 잘 듣고 조숙해 보이지만 정작 그런 감정의 회로가 빈약하게 형성된 아이들입니다. 어릴 때부터 "착하다.", "철들었다."라는 말을 듣던 아이들 중에는 감정을 눌러 가며 어른들의 기대에 맞춰 살아온 경우가 많습니다. 그들은 감정을 표현하기보다는 참는 법을 먼저 배운 경우일 수 있습니다. 그 억눌린 감정은 사춘기라는 태풍 앞에서 감당할 수 없는 속도로 몰아치기 시작합니다. 사춘기가 시작되면 뇌 속에서는 강력한 호르몬 변화가 일어나거든요. 테스토스테론 같은 성호르몬은 편도체를 자극하여 감정의 반응성을 극대화시킵니다. 이때 필요한 것이 바로 전두엽입니다. 전두엽은 감정을 조절하고, 충동을 억제하고, 계획을 세우고, 판단하는 기능을 담당합니다. 즉 감정이라는 차에 달린 브레이크인거죠. 하지만 이 브레이크는 아직 완성되지 않았습니다. 앞에서도 설명했듯이 전두엽은 무려 20대 중후반에 가서야 성숙해지거든요. 공사 중인 브레이크에 거센 감정의 폭풍이 몰아치니 행동 통제가 어려워지기도 합니다.

이 모든 과정을 견딜 수 있으려면 아이는 그 이전에 감정을 충분히 표현하고 다루어 본 경험이 있어야 합니다. 안전하게 울어 본 기억, 감정을 받아 준 사람의 눈빛, '괜찮아!'라는 말 속에서 진심을 느꼈던 순간들이 아이의 보호막이 되어 줍니다.

사춘기는 뇌가 재조직되는 대공사 시기입니다. 사소한 일에도 크게 반응하고, 순간적인 충동을 참지 못하는 일이 잦아지죠. 단순한 반항이 아니라 아직 덜 자란 뇌가 감정을 감당하지 못하는 자연스러운 과정입니다. 이 혼란스러운 시기에 그동안 쌓아 온 정서적 경험들이 진짜 힘을 발휘합니다. 아이들은 대부분 감정 기복을 느끼고 충동적인 모습도 보이지만 그 회복 속도와 조절 능력에서는 차이가 납니다. 어떤 아이는 비교적 빨리 스스로 추스르고, 어떤 아이는 그 감정에 더 오래 휩싸이기도 합니다. 이런 차이는 대부분 그동안 감정을 건강하게 표현하고 다루어 본 경험의 정도와 관련이 있습니다.

이제 우리가 물어봐야 할 것은 이런 거예요.

우리 아이는 '빨리 큰 아이'가 아니라 '충분히 느낀 아이'였을까요?

어떤 자극보다도 먼저 정서적 안전감이라는 기초 공사를 제대로 해 줬을까요?

이런 질문들에 귀 기울이는 것이야말로 아이가 사춘기를 건강하게 지나 성장할 수 있게 돕는 첫 번째 단계가 아닐까 싶습니다.

3

부모의 불안한 감정 돌아보기

아이가 잠든 밤, 혼자 남은 시간에 문득 드는 생각이 있습니다. '내가 잘하고 있는 걸까?' 이 작은 물음표 하나가 마음 한구석에 자리 잡으면 온갖 걱정들이 줄줄이 따라 나옵니다.

아이를 키운다는 건 '걱정'과 함께 사는 일입니다. 신기한 건 그 걱정이 언제나 아이보다 조금 앞서 간다는 겁니다. 아직 모르는 일들을 나는 벌써부터 마음 졸이며 준비하고 있거든요.

입학과 진급, 학원 선택, 사춘기 대비, 진로…… 이 모든 변화의 순간마다 아이보다 내가 더 조급해지는 기분이 들죠.

'다들 시킨대요.', '지금이 골든타임이래요.' 이런 말들 속에서 나의 기준은 조용히 자리를 잃습니다.

이번 장은 묻습니다.

왜 우리는 아이보다 더 조급해지는 걸까요?
왜 다른 사람의 선택이 우리의 마음을 이렇게 흔드는 걸까요?
왜 자꾸 생각은 부정적인 방향으로만 튀는 걸까요?

이 물음에 대한 답을 천천히 따라가 보려 합니다.

불안한 마음이 생기는 게 나쁘다거나, 걱정하는 부모가 문제라는 이야기를 하려는 건 아닙니다. 다만 그 불안을 외면하지 않고 마주서 보려 합니다. 그 감정이 만들어 내는 말투와 표정, 비교와 조급함의 패턴을 알아차리면서요.

감정을 바로잡는 일이 곧 아이를 향한 교육의 기준을 바로 세우는 일이라는 것, 그 단순하지만 어려운 진실을 이 장에서 함께 마주하려 합니다.

앞서야만 괜찮은
부모 같아요

"선생님, 이 동네는 분위기가 좀 달라요. 여기선…… 이 정도는 기본이에요."

학부모 상담 시간에 은수 엄마는 조심스럽게 말을 꺼냈습니다. 은수는 또래보다 성실했고 배우는 태도도 진지했지만, 성적이 '상위권'이라 부르기엔 조금 모자랐습니다.

"이 정도라는 게…… 어느 정도일까요?"

조심스레 되묻자, 은수 엄마는 살짝 당황한 듯 머뭇거렸습니다.

"아…… 그러니까, 심화 수학을 좀 더 일찍 시작했어야 했나 싶고요. 다른 엄마들 얘기 들어보면, 지금 여유 부릴 때가 아니래요. 이렇게 안 시키면 결국 따라잡기 어렵대요."

그날 상담을 마치고 돌아가는 길에 은수 엄마는 내내 휴대폰을 손에서 놓지 않았습니다. 창밖 풍경은 보지 못한 채 동네 맘카페, 부동산 정보, 학군 비교 블로그까지 불안의 목록을 끝없이 스크롤하며 무언가를 찾고 또 찾는 눈빛이었습니다.

'우리 동네에선 부족한 걸까.'

'다른 엄마들은 벌써 준비하고 있을 텐데.'

입주 당시 이 동네가 좋았던 이유는 단순했습니다. 공원이 가깝고, 아이가 마음껏 뛰놀 수 있는 골목이 있고, 얼굴 아는 이웃과 인사를 나눌 수 있는 정겨운 분위기였고, 학원가도 적당히 밀집되어 있기 때문이었어요. 그 모든 장점들이 어느 순간부터 교육적으로는 2퍼센트, 아니, 10퍼센트 정도는 부족하게 느껴지기도 했습니다.

경쟁은 아이를 위한 걸까, 나를 위한 걸까?

"저는 별 욕심 없어요. 그냥, 아이만큼은 잘됐으면 해서요."

겸손해 보이는 말 속에 진짜 마음이 숨어 있습니다. '나는 이미 놓쳤지만 아이만큼은 그런 아쉬움을 겪지 않았으면 좋겠다.'라는 간절함 말이에요. 사실 이런 마음은 전혀 이상하지 않습니다. 부모라면 누구나 아이에게 더 좋은 길을 열어 주고 싶잖아요. 내가 경험하지 못한 기회를 아이는 놓치지 않았으면, 내가 오르지 못한 계단을 아이는 한 걸음 더 올라갔으면 하는 마음은 정말 자연스러운 부모의 사랑이죠. 그런데 가끔 이런 생각이 듭니다. 어쩌면 이 경쟁은 처음부터 내 것이었는데 지금은 아이를 통해 이루려고 하는 건 아닐까 하는 거죠.

처음엔 정말 아이를 위한 마음이었을 거예요. 그런데 어느 순간 옆집 아이가 시험을 잘 봤다고 하면 괜히 초조해지고, 내 아이가 시험에서 점수를 못 받으면 마치 제가 평가받는 것처럼 마음이 무거워집니다.

미국의 심리학자 브라이언 슈워츠Bryan Schwartz는 이를 '경쟁 중독'이라는 용어로 설명합니다. 경쟁 중독에는 몇 가지 특징이 있습니다. 첫째, 경쟁 자체가 목적이 됩니다. '무엇을 위한 경쟁인가'보다, '남보다 앞서는 것'이 더 중요해진다는 거죠. 둘째, 끊임없는 비교와 불안이 뒤따릅니다. 오늘의 성취는 내일의 기준이 되어 만족이 오래가지 않는 거예요. 셋째, 쉬지 못합니다. 멈추면 불안하고 쉬면 죄책감이 들거든요. 이 구조는 지금 우리의 사교육 현실과 놀랍도록 닮아 있습니다. 다른 아이가 한 걸 보면 불안하고, 한 달만 학원을 쉬어도 초조하며, 아이에게 쉬는 시간을 줄 때 '괜히 내가 나태해진 건 아닐까?'라는 죄책감이 부모를 괴롭히죠.

여기까지 읽으시면서 혹시 이런 생각이 드셨을 수도 있어요.

"경쟁을 안 하면 좋은 대학 못 가잖아. 현실이 이런데 무슨 중독이야?"

맞습니다. 정말 현실적인 딜레마입니다. 저도 아이를 키우는 엄마로서 이 딜레마를 자주 경험하거든요. 사실 경쟁을 완전히 피할 수는 없습니다. 좋은 대학에 가려면, 원하는 진로를 택하려면 어느 정도 경쟁은 불가피하죠. 제가 걱정되는 건 경쟁이 아이를 위한 게 아니라 부모의 불안을 달래려는 순간이 될 때입니다. 그러면 아이의 속도와 리듬은 자꾸 무시당하게 되거든요.

사랑은 아이의 속도를 지켜보는 거예요. 강박은 아이를 속도에 끼워 맞추는 거고요. 사랑은 기다림이고, 강박은 조급함이에요.

우리는 누구보다 치열하게 살아왔기에 아이에게는 좀 더 좋은 길을 열어 주고 싶습니다. 하지만 그 좋은 길이 '남보다 앞선 길'이 되어 버리는 순간 아이의 인생은 누군가의 시선으로 가늠되는 경주가 되어 버립니다. 우리가 진짜 바라는 건 성공하는 아이가 아니라 자기 삶의 방향을 스스로 정할 줄 아는 아이, 결과가 아니라 내면의 기준을 가진 아이는 아닐까요?

거창한 변화는 필요 없습니다. 그냥 작은 것들부터 시작해 보는 거예요. 아이가 시험 점수를 받아왔을 때 "다른 애들은 몇 점 받았어?" 대신 "너는 어떤 문제가 어려웠어?"라고 내 아이를 주어로 묻기, 상담 받을 때 "딴 애들에 비해 뒤처지는 건 아니죠?" 대신 "우리 아이한테 지금 필요한 게 뭘까요?"라고 비교 빼고 묻기.

완벽한 부모가 되려고 하지 않아도 됩니다. 그냥 덜 초조한 부모가 되는 것만으로도 충분하거든요. 아이들은 우리가 생각하는 것보다 훨씬 단단하고, 자기만의 속도로 잘 자라고 있습니다.

그 집 애가 다니는 학원이래요

주영이 엄마는 자녀 교육에 늘 진심이었고, 누구보다 아이를 잘 키우고 싶어 하던 분이었어요. 어느 겨울날, 주영이가 초등학교를 막 졸업하던 무렵의 일이었습니다. 그날 주영이 엄마는 다소 들뜬 얼굴로 말했습니다.

"지우 있잖아. 이번에 자사고 붙었다던데, 걔가 다녔던 학원, 거기 진짜 좋대. 커리큘럼이 딱 잡혀 있대. 지우 엄마가 그러는데, 지금 아니면 1년을 기다려야 등록할 수 있대……."

그 말 속엔 비장함과 무언가를 놓치지 않았다는 안도감이 섞여 있었습니다. 며칠 뒤 주영이는 그 학원에 등록했습니다. 그리고 정확히 3개월 후 주영이 엄마는 근심 가득한 목소리로 전화를 걸어왔습니다.

"애가 요즘 자꾸 배가 아프다고 해. 학원 가기 전마다 속이 울렁

거린대. 공부가 엄청 어려운 것은 아닌데, 학원에만 가면 괜히 위축된대. 다들 너무 잘하는 것 같다네. 그래서 계속 눈치를 보게 된대."

돌이켜보면 그 선택은 주영이를 향한 믿음보다는 좋다는 정보에 대한 믿음에서 비롯된 것이었습니다. '다들 좋다고 하니까.', '다들 그 학원 가니까.' 결국 이유는 아이에게 있지 않았습니다. 그 집 아이가 잘했던 방식이 내 아이에게도 맞을 거라는 보장은 없었습니다.

주영이는 결국 학원을 그만두었습니다. 그 일이 있고 나서 주영이 엄마는 주영이를 더 오래 바라보게 되었다고 했습니다. 전에는 '뭘 시켜야 하나?'가 고민이었다면, 지금은 '이 아이는 어떤 아이인가?'를 자주 생각하게 된다고요. 그 말을 들으며 마음속으로 고개를 끄덕였습니다. 아이를 키운다는 건 결국 눈을 바깥이 아니라 아이에게로 돌리는 일이라는 걸 한 아이의 몸이 먼저 알려 준 것이었죠.

결정은 부모가, 혼란은 아이가 감당한다

주영이는 학원을 그만두고 나서 한동안 책상 앞에 앉지 않았다고 합니다. 공부를 싫어했던 건 아니었다고 해요. 무엇을 공부하든 자기가 먼저 이유를 알고 싶어 하는 아이였거든요. 그런데 그 학원에서는 늘 정해진 커리큘럼만 따랐고, '지금 이걸 왜 하는지' 물을 시간도, 여유도 없었다고 했습니다.

"선생님이 그냥 외우래요. 왜 그렇게 되는지는 나중에 배우면 된대요. 자꾸 '왜'라고 물으면 효율성이 떨어진다고 했어요."

아이는 '어떻게'가 아닌 '그냥 해!'라는 지시에 반복적으로 노출되다 보니 점점 자신의 판단보다 지시를 기다리는 아이가 되어 갔던 것입니다.

"다들 이 학원 다닌다더라."

"이 선생님이 최고래."

"지금 이걸 해 놔야 나중에 고생하지 않아."

그 말 안에는 '너는 판단하지 않아도 된다.'라는 강압적인 메시지가 담겨 있습니다.

'이미 정해진 길이 있으니 그냥 따라오면 돼.'라는 편리한 안도감. 누군가의 '좋다더라.'라는 말로 선택한 교육이 결국 아이에게 '네가 판단하지 않아도 된다.'라는 신호가 된 셈이지요. 처음에는 도움이라 생각했던 그 조언들이 아이가 자기 기준을 만들 기회를 앗아갔던 것입니다.

자기 주도성은 어느 날 갑자기 자라지 않습니다. '내가 결정한 것'에서 '내가 책임지는 마음'까지 작은 선택들의 반복을 통해 서서히 쌓여 가는 것이죠. 어릴 적에는 유치원 가방을 스스로 챙겨 보는 일부터 조금 더 자라서는 어떤 책을 읽을지 고르는 일까지 그 모든 작고 사소한 결정들이 모여 아이는 언젠가 삶의 큰 결정을 감당할 힘을 얻게 됩니다. 하지만 부모가 내리는 결정이 늘 '누군가 잘됐다더라.'라는 이야기에서 비롯된다면 아이는 자기 삶의 주인이 아니라 늘 따라가야 하는 조연이 됩니다. 주변의 목소리는 커지고 자기 안의 소리는 작아지지요. 결국 아이는 자기 삶의 문장에서 '주어'가 되지 못한 채 타인의 기준을 따라가는 '목적어'로 머무르게 됩니다.

엄마가 흔들릴 때 아이는 중심을 잃는다

불안은 크고 극적인 형태로 오지 않습니다. 그저 일상 속 말 한마디, 검색창에 눌러 본 한 문장, 엄마들 사이 주고받은 짧은 소식 하나로 은밀하게 스며들죠. 그렇게 들어온 불안은 우리도 모르는 사이 부모의 말투에, 눈빛에, 한숨에, 행동에 아주 천천히 녹아들어 갑니다.

여기서 중요한 것은, 아이들이 엄마의 말보다 엄마의 표정과 눈빛을 더 잘 읽는다는 점입니다. "안 해도 괜찮아!"라고 말하면서도 표정으로는 '근데 사실은 했으면 좋겠어!'라는 마음을 숨기고 있다면 아이는 그 마음을 다 알아채거든요.

"엄마, 괜찮다고 했으면서 왜 한숨 쉬어요?"

저도 숨긴다고 숨겼는데 한숨 소리까지는 숨기지 못했나 봅니다. 제 아이가 이렇게 콕 꼬집더라고요. 그날은 비례식을 가르치고 있었는데, '비교하는 양'과 '기준량'을 아무리 설명해도 자꾸 헷갈려

하는 거예요. 답답해 죽겠더라고요. 입으로는 "천천히 다시 해 보자!"라고 말했지만, 무의식중에 나온 한숨을 아이가 놓치지 않았던 겁니다.

발달 심리학 연구에 따르면, 아이들은 생후 6개월부터 부모의 감정 상태를 정확히 읽어 낼 수 있다고 합니다. 특히 어린아이일수록 부모의 감정을 '나에 대한 평가'처럼 받아들이기 쉽죠.

엄마가 흔들리면 아이도 중심을 잡기 어려워합니다. 불안한 눈으로 자신을 바라보는 엄마 앞에서 아이 역시 자기 자신을 신뢰하지 못하게 되는 거예요. '내가 뭔가 부족한가?', '뭘 더 잘해야 엄마가 안심할까?'

그렇게 엄마의 불안은 아이가 자신을 바라보는 거울이 됩니다.

우리는 질문을 바꿔야 합니다.

'어떻게 불안을 없앨까?'가 아니라 '이 불안을 아이에게 어떻게 전달하지 않을까?'로요. 불안을 느끼는 건 잘못이 아닙니다. 사랑하니까, 아끼니까, 조금 더 잘해 주고 싶으니까 생기는 아주 자연스러운 감정이 불안이거든요. 하지만 그 감정이 곧 행동이 되는 게 문제입니다. 아이의 속도보다 앞질러 조급해지거나 괜찮다고 말하면서도 표정으로는 그렇지 못할 때 말이죠.

저도 여전히 한숨이 새어 나올 때가 있어요. 그럴 때마다 "괜찮다고 했으면서 왜 한숨 쉬어요?"라는 아이의 그 날카로운 한마디가 떠오르면서 다시 한번 마음을 다잡게 됩니다. 여러분도 가끔 한숨이

나오더라도 너무 자책하지 마세요. 중요한 건 그 순간을 알아차리고 다시 아이를 향해 따뜻한 눈빛을 보내는 것이니까요.

'7세 고시'가 보여 준
교육 불안의 맨얼굴

KBS 〈추적 60분〉 '7세 고시, 누구를 위한 시험인가'를 본 날, 쉽게 잠이 청해지지 않더군요. 엄마 손을 꼭 잡고 시험장에 들어서던 그 작은 어깨들, 긴장으로 굳어진 표정들이 자꾸 떠오르더라고요. 사실 더 오래 남은 건 아이들이 아니라 부모들의 모습이었습니다. 새벽부터 줄을 서며 제발 통과되기를 바라는 간절함이 서린 그 눈빛들, 나흘간 1,200명의 아이들이 줄을 섰다던 그곳, 학부모의 손을 꼭 잡은 채 긴장한 얼굴로 건물 안으로 들어서던 아이들을 보며 제 귀에는 슬픈 BGM이 깔리는 듯했어요. 묘하게 먹먹했습니다. 긴 지문 독해, 추론 문제, 속독 테스트까지 현직 영어 교사도 놀랄 만한 난이도의 문제들을 아직 한글도 완전히 익히지 못했을 7살 아이들이 풀고 있었어요. 그곳은 단순한 선행의 자리가 아니라 생존을 위한 조기 경쟁의 전시장 같았습니다. 도대체 우리는 어디까지 가야 안심할 수 있을까요?

제 아이의 7세 시절을 떠올려 보았습니다. 나름 영어 노출 환경도 마련했었고, 만지며 익힐 만한 조작 활동도 놓치지 않으려 했지요. 그 시절 제가 생각하는 최선의 노력은 했다고 믿습니다. 비록 7세 고시는 상상조차 못했지만요(어쩌면 그 시절에는 없었을지도요). 그 아이는 지금 평범한 중학생이 되었습니다. '그때 더 시켰어야 했나?' 하는 후회는 없습니다. 하지만 '지금이라도 편승해야 하나?' 하는 생각이 벼락처럼 스치듯 지나갈 때면 마음이 잠깐 흔들리기도 합니다. 그런 날이면 괜스레 아이의 공부방을 다시 정리하게 되고, 덜 챙긴 건 없는지, 더 해 줘야 할 건 없는지 자꾸 살펴보게 됩니다. 비교하지 않겠다고 수없이 다짐했는데, 그 비교 심리는 이렇게 불쑥 찾아와 아이와 엄마의 현재를 흔들어 놓고, 가정의 교육 기준을 무기력하게 만들어 버립니다.

기준 없는 경쟁의 시작

'7세 고시'라는 말은 단순히 사교육 시장의 과열을 의미하지 않습니다. 그 영상 속에 담긴 건 대한민국 교육을 지배하는 집단적 불안과 개별 부모가 홀로 감당해야 하는 사회적 압력의 실체였어요. 아이 한 명의 학원 입학을 위한 줄서기 뒤에는 '늦으면 안 된다.', '기회를 놓치면 따라잡기 어렵다.'라는 집단적 메시지가 자리 잡고 있습니다. 이 메시지는 언제나 '내 아이를 위한 선택'이라는 이름으로 포장됩니다. 하지만 그 이면을 들여다보면 그것은 우리가 모두 빠져 있는 보이지 않는 경쟁 구조의 산물입니다. 특정 지역, 특정 학군에서만 벌어지는 현상이라고 치부할 수도 없어요. 지금의 부모는 알게 모르게 '보이지 않는 교육 계급' 안에서 조용한 전쟁을 치르고 있거든요. 끊임없이 자리를 확인하고, 나와 아이의 속도를 비교하면서 말이지요.

사회는 말없이 기준을 세웁니다. 교육사회학자들은 이를 '은폐된 교육 과정 hidden curriculum'이라는 용어로 설명합니다. 공식적인 교육 내용 이외에 사회가 비의도적으로, 그러나 강력하게 주입하는 가치와 규범을 말합니다. 겉으로는 "아이마다 속도가 다르다."라고 말하면서 실제로는 모두가 비슷한 속도, 비슷한 시간표, 비슷한 방향으로 걷기를 기대하는 사회 구조, 이것이 은폐된 교육 과정의 정체입니다. 그 기준은 교과서나 학교 홈페이지 어디에도 쓰여 있지 않지만, 부모라면 누구나 체감합니다. 학원 커리큘럼, 온라인 커뮤니티, 선생님의 뉘앙스, 입시 정보방의 자료들 속에는 보이지 않는 '표준의 그림자'가 깔려 있지요. 예컨대 "초 5면 중등 수학은 한 바퀴 이상 돌려야 하고, 중등 졸업 전에는 고등 수학을 최소 세 바퀴는 돌아야 한다." 누구도 공표하지 않았지만 모두가 그렇게 해야만 안심할 수 있는 비공식 시간표가 우리 사회에는 은밀하게 존재하고 있습니다.

결과적으로 부모가 느끼는 불안은 사회가 부모에게 들이민 '은폐된 교육 과정'에 휘둘리는 감정입니다. 그 조급함은 때로 부모를 자책하게 만들지만, 사실은 이 구조 안에서 살아남으려는 너무도 정상적인 반응일지도 모릅니다.

우리는 왜 비교할 수밖에 없는가

비교는 어쩌면 인간에게 가장 오래된 본능일지도 모릅니다. 사람은 늘 무리 속에서 자신이 어디쯤 있는지 살폈습니다. 더 안전한 자리를 찾기 위해, 더 많은 자원을 얻기 위해 자신과 타인을 견주며 살아남는 법을 배워 왔지요. 한국 사회에서의 비교는 단순한 참고가 아닙니다. 아이를 키우는 부모에게는 특히 그렇죠. 아이의 현재는 곧 미래로 연결되고, 그 미래는 부모의 정체성과 직결되어 있다고 느껴집니다. 비교의 압박은 단순한 심리적 긴장을 넘어 '나는 좋은 부모인가?'라는 존재적 물음으로 번지게 됩니다. 누군가의 빠름은 순식간에 나의 뒤처짐이 되고, 초조함은 결국 성급한 선택으로 이어집니다.

특히 SNS와 커뮤니티 문화는 이 비교의 속도를 더욱 끌어올립니다. '요즘 아이 뭐 시켜요?'로 시작된 평범한 대화는 '지금쯤은 해야 하는 것 아닌가요?'라는 조용한 압박으로 이어집니다. 말은 부드럽지만 그 말이 지나간 자리는 유독 무겁지요.

　우리는 왜 비교할 수밖에 없는가? 그 물음에 대한 대답은 생각보다 단순합니다. 우리는 비교하지 않으려 해도 비교 속에 놓여 있는 존재이기 때문입니다. 그것은 단지 성격의 문제가 아니고 나약함의 증거도 아닙니다. 비교는 나를 지키기 위해 진화해 온 감각이지만 지금 우리는 그 감각을 극도로 증폭시키는 사회 구조 안에 살고 있습니다. 내 아이의 속도는 곧 나의 가치가 되고, 아이의 현재는 부모의 미래를 대변하는 시대. 그러니 비교는 감정이 아니라 위치를 확인하려는 본능이며, 동시에 이 사회가 부모에게 강요하는 생존의 언어입니다. 그래서 우리는 비교를 멈추려 할수록 더 깊이 빠져들고 마는지도 모릅니다.

부모의 불안은 잘못이 아니다

　불안은 흔히 개인의 문제처럼 여겨집니다. 하지만 우리가 느끼는 많은 불안은 사실 환경과 맥락이 만들어 내기도 합니다. 특히 교육은 그 자체로 사회적 경쟁의 무대이자 계층 재생산의 장치가 되어 버렸습니다.

　오늘날 아이의 성취는 단지 '잘하는 것' 이상을 의미합니다. 그 성취는 종종 가족의 계층적 위치를 보여 주는 지표가 되고, 부모의 능력을 증명하는 수단이 되기도 하죠. 이런 사회에서 아이를 '평범하게' 키우겠다는 바람은, 때로는 큰 용기와 결단을 요구하는 일이 됩니다. 우리는 이 불안을 '부모의 문제'로만 보아서는 안 됩니다. 이 감정은 지금 우리가 서 있는 사회 구조의 거울이기도 하거든요.

오늘날 부모들은 정보 과잉, 비교 과잉, 조언 과잉의 시대를 살고 있습니다. 누구의 말이 옳은지, 어떤 길이 맞는지 끊임없이 해석하고 판단해야 하죠. 그 속에서 자기 신념을 지키며 아이를 키우는 일은 어쩌면 너무 어려운 싸움일지 모릅니다. 부모의 마음은 그런 시대를 통과하면서 스스로도 통제하기 어려운 외부 자극에 의해 매일 흔들립니다.

사회 구조가 만든 불안이지만, 그 불안 속에서 실제로 살아가는 건 결국 우리 자신입니다. 사회를 당장 바꿀 수는 없어도 그 불안에 휘둘리지 않고 주체적으로 대처할 수 있는 방법을 찾아야 합니다. 우리가 할 수 있는 일은 있는 그대로 인정하는 것입니다. "이 불안은 이 사회에서 아이를 키우는 부모라면 당연히 느낄 수 있는 감정이구나." 하고 받아들이는 겁니다. 불안을 인정하고 나면 그 감정에 매몰되지 않고 한발 물러서서 바라볼 수 있게 됩니다. 그래야 "다 하니까 나도 해야 한다."라는 맹목적 반응 대신 "정말 필요한 일인가?"를 냉정히 판단할 수 있게 되거든요.

부모의 감정을
먼저 다스려야 한다

요즘 각종 SNS에서 회자되는 '제이미맘'을 보면 박지원의 《양반전》이 떠오릅니다. 허울 좋은 양반의 체면과 허세를 풍자했던 그 이야기처럼 오늘날에도 '좋은 엄마'라는 기대를 지키기 위해 어느새 많은 것들을 감당하게 된 부모들의 모습이 겹쳐 보입니다. 고급스러운 말투와 우아한 표정 뒤에 사실은 아이를 잘 키우고 싶다는 절실함과 불안이 숨어 있습니다. 아이가 실수하면 혹시 그 실수마저 평가받을까 두려운 마음, 그래서 아이의 말 한마디, 몸짓 하나까지 놓치지 않으려는 마음. 그 모든 애씀은 결국 '잘 키우고 싶다.'라는 간절함의 다른 얼굴이 아닐까요? 그렇게 '잘 키우고 싶은 마음'이 깊어질수록 부모의 마음 안에는 말로 다하지 못한 복잡한 감정이 자리 잡습니다.

아이를 키우는 일에는 감정의 굴곡이 따르기 마련입니다. 순간 짜증이 치밀었다가 이내 죄책감이 파도처럼 밀려옵니다. 화를 냈다가 금세 미안해지면서 나도 나를 이해하지 못하는 날들이 반복됩니다. 이 감정의 롤러코스터를 함께 타는 사람은 부모뿐이 아닙니다. 아이는 부모의 감정을 조용히 흡수합니다.

부모의 감정은 결코 자신만의 문제가 아닙니다. 그 감정은 아이의 마음에 조용히 가닿아 때로는 자존감을 갉아먹고 선택의 힘을 흐리게 만듭니다. 소중한 내 아이가 부모의 감정을 고스란히 떠안는 사람이 되지 않기를 바란다면 먼저 자신의 마음을 돌보는 연습부터 시작해야 합니다. 아이의 마음을 지키는 일은 부모 자신의 마음을 지키는 일에서부터 시작되니까요.

죄책감과 수치심

큰딸의 중간고사를 이삼일 남겨 둔 어느 저녁이었습니다. 거들어 줄 것이라곤 문제집 채점하는 일뿐이었지만, 그거라도 열심히 해 주려는 마음으로 앉았습니다. 기분 좋게 동그라미를 그리던 중 갑자기 빗금, 빗금, 빗금…… 오답이 속출하기 시작했습니다.

'이게 뭐지? 답지가 잘못된 건가? 내가 페이지를 잘못 본 건가?' 순간 아이보다 나를 먼저 의심했지만, 이내 문제집과 답지는 아무 잘못이 없다는 걸 깨달았죠. 현재 완료와 to 부정사 용법 파트였는데, 거의 반타작이었어요. 학교 내신에서 문법 문제 비중이 얼마나 큰데……. 마음속에는 이미 '망할 망' 자가 무수히 떠다녔습니다.

폭우가 쏟아진 문제집을 들고 아이 방으로 향했습니다. 저도 모르게 거침없이 방문을 열었습니다.

"내일모레가 시험인데, 너 어쩔 거야? 공부한다더니, 진짜 한 건 맞아?"

아이는 문제집을 보고 잠깐 멈칫하더니, 적반하장격으로 목소리를 높였어요.

"나도 잘하고 싶지, 안 잘하고 싶겠어요? 뭐가 틀렸는지 보고 지금부터 하면 되잖아요."

아이 말에는 틀린 게 하나도 없었습니다. 하지만 제 화는 저에게 몇 마디를 더 질러 내라고 명령하더군요.

"지금 해서 상황이 얼마나 나아지겠어? 네가 알아서 해."

그렇게 방문을 닫고 나오니 온몸에 힘이 쭉 빠지더군요. 아이에 대한 실망으로 구멍이 난 마음은 이내 죄책감으로 메워졌습니다. '왜 그런 말을 했을까? 더 열심히 하자고 격려했어야 했는데…….' 죄책감은 흘러넘쳐 수치심으로 변질되었습니다. '내일모레 시험 보는 아이 공부 정서만 망쳐 놓은 나쁜 엄마야. 엄마 자격도 부족한데 내가 누굴 가르치겠어!'

그날 밤 아이가 이불 속에서 고른 숨을 쉬는 동안에도 제 안에서는 끝나지 않은 감정의 팝콘이 계속 튀고 있었습니다.

왜 자꾸 부정적인 감정은 마지막엔 자기 자신으로 향하는 걸까요?

감정을 돌보는 연습이 필요하다는 말에 고개를 끄덕이면서도 마음 한편에서는 또 다른 감정이 밀려옵니다.

"엄마가 너 공부시키느라 얼마나 힘든 줄 알아?"

목이 메어 나온 이 한마디 끝에 몰려오는 후회와 자책을 우리는 죄책감이라고 부릅니다. 죄책감은 내가 한 행동이나 말에 윤리적 문제가 있었다는 내면의 목소리입니다. 아이에게 상처를 준 건 아닐까, 더 좋은 말로 훈육할 수는 없었을까. 그런 생각에 가슴이 저릿해지는 순간, 우리는 부모로서 조금 더 신중해지려 합니다. 죄책감의 과정은 고통스럽지만 결과적으로는 더 성숙한 부모로 성장하게 만들기도 합니다. 이 죄책감이 '나는 왜 이 모양일까?', '나는 부모로서 자격이 없나 봐!' 하는 생각으로 번지기 시작하면 그것은 죄책감이 아니라 수치심입니다. '내가 잘못된 행동을 했다.'라는 감정이 죄책감이라면 수치심은 '나는 잘못된 사람이다.'라는 감정입니다. 자기 존재 자체에 대한 부정적인 감정이지요. 문제는 이 수치심이 한번 마음속에 자리를 잡으면 쉽게 사라지지 않는다는 데 있습니다. 심지어 행복했던 기억조차 왜곡시키곤 합니다.

많은 사람들이 죄책감과 수치심을 혼용해서 쓰지만 두 감정은 엄연히 다릅니다. 예를 들어, 아이에게 화를 내고 나서 '다음에는 더 침착하게 대처해야지.'라고 생각했다면 죄책감을 느낀 것이죠. 하지만 '나는 왜 이렇게 못난 부모일까?'라고 자책한다면 이는 수치심에서 비롯된 생각입니다. 수치심은 '나는 자녀에게 충분하지 않다.' 라는 느낌으로 이어질 수도 있습니다. 이 한 문장은 스스로를 끝없이 깎아내리는 마음의 칼날이 되기도 해요. 죄책감과 수치심 중에서 어느 감정이 더 고통스러운지 비교할 순 없겠지만 둘 다 지나치면 부모를 옭아매는 족쇄가 될 수 있습니다.

이 감정들은 비단 부모만의 감정이 아닙니다. 아이도 죄책감과 수치심을 느낍니다. 부모의 고함 소리에 죄책감을 느끼고, 부모의 한숨 소리에 수치심을 느끼기도 하죠. 심리학자 브레네 브라운Brene Brown은 그의 연구에서 수치심이 아이들의 자존감과 정신 건강에 미치는 부정적 영향을 강조했습니다. 중요한 건 아이가 자기 자신을 몹쓸 존재로 여기게 되는 일이 없도록 하는 거예요. 그래서 훈육할 때 행동은 지적하되 존재를 부정하지 않도록 해야 합니다. "그건 하면 안 돼!"는 괜찮지만, "너는 왜 맨날 이 모양이니?"는 아이의 자존감에 깊은 상처를 남깁니다.

완벽한 부모는 없습니다. 그러니 죄책감이나 수치심에 매몰되지 않아야 합니다. 죄책감이 들 때는 이렇게 말해 주세요.

"나는 아이를 사랑해서 더 잘해 주고 싶었던 거야."

수치심이 올라올 때는 이렇게 다독여 주세요.

"나는 더 좋은 부모가 되고 싶었던 거구나."

이런 말 한마디가 완벽하지 않아도 괜찮다는 감각을 다시 일깨워 줄 거예요.

내 표정은 아이의 기분이 된다

낮에는 버럭하고 밤에는 반성한다는 의미로 엄마들이 자신들의 행동에 자조적으로 붙인 별명이 '낮버밤반'입니다. 부모는 정말 화를 내면 안 되는 걸까요? 정말 부모의 화가 아이를 망치는 것일까요? 하지만 현실 육아는 녹록지 않습니다. 애를 키우다 보면 화날 일이 하루에도 몇 번씩이나 찾아오니 말입니다. 화 안 내는 따뜻한 엄마가 되자니 몸속에 사리가 생기는 듯합니다.

예전 같았으면 '사랑의 매로 때리면 정신 차릴 문제'라고 생각했을지도 몰라요. 하지만 이제는 그런 말조차 쉽게 꺼낼 수 없는 시대입니다. 사실 체벌이 사회적으로 허용되느냐 마느냐가 문제의 본질은 아닙니다. 핵심은 그 순간 부모가 얼마나 자신의 감정에 사로잡혀 있었는가에 있습니다.

화는 나쁜 걸까?

우리 사회에서 엄마의 화는 죄악처럼 여겨집니다. 과연 화 없이 아이를 키우는 게 가능하기나 할까요? 정말 화를 내지 말아야 하는 것일까요? 성인군자도 아닌 평범한 우리에게 지나친 인내를 강요하는 건 아닐까요?

심리학자들은 인간의 기본 정서를 여섯 가지에서 열 가지 정도로 분류합니다. 그 어떤 분류든 빠지지 않는 감정이 '화'입니다. 화는 인종, 성별, 세대를 막론한 보편적인 감정입니다. 화의 주 기능은 자기 보호입니다. 나의 안전에 위협이 감지될 때 마음속 경보처럼 울리는 것이 바로 '화'인 것이죠. 그런데 우리는 이 감정을 너무 쉽게 '나쁜 것'이라 치부하곤 합니다. 그 결과 부당하거나 무리한 상황에서도 '화를 내는 건 나쁜 일'이라 여겨 침묵하거나 거절하지 못하게 되는 경우가 많지요. 이렇게 들어보면 화가 나쁠 이유가 전혀 없는데 부정적 프레임이 씌워진 이유는 무엇일까요? 그 이유는 화라는 감정과 화가 나서 하는 행동은 별개이기 때문입니다. 화가 나서 상대를 때리거나 밀치는 신체적 폭력은 물론이거니와 "너 정말 최악이구나.", "넌 도대체 누굴 닮은 거니?"처럼 폭언은 감정을 넘어선 행동입니다. 감정은 잘못이 없습니다. 옳고 그름이 있는 건 감정 그 자체가 아니라 그것을 표현하는 방식입니다. 화는 제거해야 할 감정이 아니라 다정히 들여다봐야 할 감정입니다. 문제는 화를 품었

느냐가 아니라 그 화를 어떻게 내느냐에 있습니다. 그러니 화가 났다고 해서 너무 깊은 죄책감에 빠지지 않아도 괜찮습니다. 다만 애꿎은 화풀이가 아닌 제대로 화내는 법을 익힐 필요는 있습니다. 아이들은 자신의 잘못보다 부모의 표정을 먼저 기억하거든요. 자신이 무슨 행동을 했는지보다는 엄마의 목소리와 눈빛, 그리고 그때의 감정을 마음에 새깁니다. 그렇다면 화를 내는 순간에도 아이의 마음에 남는 것이 무엇일지 함께 떠올려 보아야 하지 않을까요?

아이는 부모의 화만 기억한다

학교에서 아이들에게 폭력 예방 교육을 했던 날이었습니다. 주제가 주는 무게 때문이었을까요. 평소와는 달리 교실 분위기가 유난히 가라앉아 있었습니다. 아이들과 함께 살펴본 학습 자료에는 말로 상처를 주는 언어 폭력부터 신체적인 체벌까지 다양한 사례가 그림과 함께 설명되어 있었습니다.

"여러분, 혹시 이런 상황을 겪어 본 적이 있나요?"

순간 교실에 잠깐의 정적이 흐르고 이내 몇몇 아이들이 천천히 손을 들기 시작했습니다.

가장 먼저 손을 든 아이가 말했습니다.

"우리 엄마도 저 영상처럼 저를 대해요. 제가 숙제를 안 하면 혼내요." 다른 아이가 이어서 말했습니다. "우리 아빠는 화가 나면 때린 적도 있어요." 처음에는 서로 눈치를 보던 아이들이 마치 봉인이 풀린 듯 각자의 경험을 털어놓기 시작했습니다. "저도 한참을 손 들고 벌섰던 적이 있어요. 엄마가 화가 나서 오래 서 있게 했어요."

이야기들은 낯설지 않았습니다. 아이가 혼난 경험, 벌을 선 기억은 흔히 있는 일이니까요. 저를 놀라게 한 사실은 아이들이 자신이 왜 혼났는지 정확하게 기억하는 경우가 드물었다는 점입니다. 아이들은 그때 어떤 방식으로 혼났는지, 그때 느꼈던 두려움과 속상함은 무엇인지만 선명하게 떠올렸습니다.

한 아이가 조심스레 입을 열었습니다.

"엄마가 소리 지를 때 너무 무서웠어요. 왜 혼났는지는 잘 모르겠지만, 그때 너무 슬펐어요."

다른 아이도 비슷한 이야기를 했습니다.

"아빠가 때렸을 때 너무 아프고 화가 났어요. 내가 뭘 잘못했는지는 잘 기억이 안 나요."

아이들의 양심 고백 같은 발표가 이어지면서 저는 어떤 반응을 보여야 할지 막막했습니다. 교사인 제가 이 상황에서 어떤 표정을 지어야 할지, 어떤 말을 해야 할지 참 곤란하더군요. 저 또한 부모입니다. 그 부모님들이 어떤 마음에서 그렇게 행동하셨는지 너무나 잘 압니다. 분명 아이가 같은 실수를 반복하지 않기를 바라는 마음이었을 겁니다. 교육적인 의도였을 테지요. 하지만 그 결과가 아이에게 오롯이 '나쁜 기억'으로만 남았다면 그건 '교육적이었다.'라고 말할 수 없습니다.

우리는 아이를 사랑하기에 그 사랑을 표현하려고 갖가지 노력을 기울입니다. 때론 친구가 되어 역할 놀이를 함께하고, 유기농 식재료로 음식을 만들어 주며, 목이 쉴세라 읽었던 책을 또 읽고 또 읽어 줍니다. 그런 우리에게 아이들은 "그때 화냈잖아요."라고 말합니다. 당황스럽고 섭섭하지요. 열 번 참은 끝에 겨우 한 번 낸 화인데 아이는 그 한 번을 기억의 중심에 둡니다. 가끔 같은 사건을 부모와 아이가 다르게 기억하기도 합니다. 누구의 기억이 옳은지 밝히는 것은 중요하지 않습니다. 중요한 건 아이는 이미 상처받았다는 사실입니다.

부모의 감정은 아이에게 전염된다

왜 아이들은 행복했던 순간보다 부모가 화를 낸 순간을 더 강렬하게 기억하는 것일까요? 아이들은 부모의 감정에 매우 민감합니다. 특히 부모가 화를 내는 순간 아이들은 강한 감정적 충격을 받습니다. 이 충격은 뇌에 깊이 각인됩니다. 화난 얼굴, 날카로운 목소리, 세게 닫힌 문소리까지 이 모든 것들은 아이의 뇌 속에 공포 영화처럼 선명한 잔상을 남깁니다(이는 '공포스러운 광고가 더 오래 기억

된다.'라는 인지심리학 연구와도 맞닿아 있습니다). 아이들의 감정 조절 능력이 덜 발달된 것도 같은 이유입니다. 부모가 화를 내는 상황에서 느끼는 두려움과 불안은 아이에게 큰 스트레스입니다. 부정적인 감정에 압도되면 기억 시스템에 강력한 영향을 줍니다. 결국 아이의 마음속에는 상황보다 감정이 남습니다. '엄마가 화냈어.', '아빠가 소리를 질렀어.' 이 감정적 기억이 그날의 전부가 되어 버리는 것이지요.

물론 아이의 등짝을 한 대 때리고 싶을 때가 가끔 있을지도 모릅니다. 그 순간은 잠시나마 권위 있는 부모가 된 듯한 기분도 듭니다. 부적절한 행동에 대해 제대로 가르쳤다는 생각마저 듭니다. 몇몇 부모는 "나도 그렇게 컸고, 그게 효과 있었어."라며 과거 자기 경험을 근거 삼아 체벌의 효과를 주장합니다. 자신에게 가장 익숙한 방법을 먼저 선택하는 것이 인간의 본성이니까요. 고통을 당해 봐야 두 번 다시 그 행동을 하지 않는다고 믿는 것입니다. 체벌은 빠르고, 강력하며, 때로는 즉각적인 반응을 끌어내기도 합니다. 문제는 체벌이 아이에게 아무런 교훈을 남기지 못한다는 데 있습니다. 모욕적이고 폭력적이기도 합니다. 등짝을 한 대 맞은 아이는 죄책감과 분노를 동시에 느낍니다. 죄책감은 '나는 나쁜 아이야.'라는 믿음을 갖게 하고, 분노는 '똑같이 복수할 거야.'라는 응어리를 만듭니다. 부모는 그 사실을 인식하지 못한 채 아이를 평소처럼 대합니다. 하지만 아이는 이미 상처받은 기억 때문에 부모를 경계할 것입니다. 아이에게 화를 내기 전에 그 결과를 생각하세요. 아이가 어떻게 그 순간을 기억할지, 그리고 그 기억이 아이에게 어떤 영향을 미칠지 말입니다. 가장 빠르고 손쉬운 그 방법이 아이로 하여금 불순한 생각을 하게 만든다는 사실을 알게 된다면 차마 아이 등을 향해 손을 뻗지는 못할 것입니다.

의도와는 다르게 아이가 부모의 화만 느꼈다는 것에 초점을 둔다면 훈육 방법이 달라질 수 있습니다. 아이는 부모가 말하지 않아도 표정, 한숨, 어조, 몸짓, 손짓 같은 비언어적 메시지로 부모의 감정을 온몸으로 느낍니다. 부모는 훈육이라 기억하고, 아이는 화풀이로 기억하는 이유가 여기에 있습니다. 화를 내는 대신 상황을 조금 더 침착하게 대처하는 방법을 찾아야 하는 이유입니다.

훈육에는 '화'가 포함되지 않습니다. 이유는 단순합니다. 수많은 연구 결과가 입증한 부작용 때문입니다. 화는 아이에게 가장 깊은 감정 기억으로 남습니다. 그래서 부모의 화는 순간의 분노로 끝나지 않고 관계에 긴 그림자를 드리우곤 하지요. 아이에게 꼭 전해야 할 메시지가 있다면 그 말은 '화'가 아닌 '신뢰'의 언어로 전해져야 합니다. 아이의 마음은 두려움보다 신뢰 속에서 열립니다. 부모가 감정을 잘 다루는 모습을 통해 아이는 '감정도 훈련할 수 있는 것'임을 배웁니다.

불안이 터뜨리는
부정적인 생각의 팝콘

    자식 교육에 진심인 지수 엄마는 3학년 지수의 공부를 전적으로 책임지며 이른바 '엄마표 교육'을 꾸준히 실천해 왔습니다. 학교 가기 전에 연산 문제집을 풀게 하고, 학교에서 돌아오면 영어, 논술, 수학, 독서까지 나름 체계적인 스케줄을 짜서 실천했습니다. 지수는 꽤 유순한 성격이라 엄마가 시키는 대로 잘 따라와 주었죠. 그런데 얼마 전부터 지수가 자주 짜증을 내기 시작했습니다.

    눈물을 글썽이는 날도 잦아졌습니다. 지수 엄마는 "이 정도는 다 하는 거야. 조금만 더 힘내자."라고 다독였지만 반복되는 지수의 호소에 마음이 무거워졌습니다. 하지만 동네 엄마들로부터 지수 또래의 친구들이 1~2년은 우습게 선행한다는 말을 듣고 조급함이 밀려왔습니다.

    "이러면 다른 애들보다 늦을 수밖에 없어. 설마 엄마랑 공부하는 게 싫니? 너 학원에 가면 이것보다 더 힘들다는 거 몰라서 이러는 거야? 네가 학원 가서 혹독하게 공부해 봐야 정신 차리겠니?"

뜨거운 냄비 속에서 터지는 팝콘처럼 하나의 불안이 튀어나오면 그 뒤를 따라 더 많은 걱정이 잇달아 튀어 오릅니다. 심리학에서는 이것을 '부정적 자동 사고'라고 합니다. 순간적으로 떠오르는 부정적인 생각은 떨쳐 내려고 해도 쉽사리 사라지지 않습니다. 때로는 꼬리에 꼬리를 물며 일어나지도 않을 일까지 상상하며 스스로를 더 깊은 불안 속으로 몰아넣기도 합니다.

이럴 땐 잠시 멈춰 떠오르는 생각을 차분히 적어 보는 것이 도움이 됩니다. 그 생각들은 아이에 대한 기대, 누군가와의 비교, 아이를 잘 키워야 한다는 책임감, 좋은 부모가 되어야 한다는 압박, 혹은 내 안의 인정 욕구일 수 있습니다. 부정적인 생각들을 정리하지 않으면 그 감정은 고스란히 아이에게도 전달됩니다. 불안은 말이 아닌 분위기로 전염되거든요.

부정적인 생각이 반복되는데 그 이유를 모르겠다면 자신에게 이렇게 질문해 보세요. '나는 지금 아이의 성장을 바라는 걸까? 아니면 나 자신이 좋은 부모로 인정받고 싶은 걸까?' 마음속 욕구가 어디에서 비롯된 것인지 돌아보는 것이 생각의 방향을 바꾸는 첫걸음입니다. 만약 그 원인이 다른 사람에게 있다고 느끼면 자연스럽게 상대를 비난하거나 강요하기 쉽습니다. 하지만 감정의 주인은 우리 자신입니다. 그 감정을 타인 때문이라고 여기게 되면 우리는 쉽게 상대를 비난하거나 통제하려 들게 되지요. 감정의 원인을 내 안의 욕구에서 찾으면 얽힌 문제를 풀 수 있는 실마리가 조금씩 보이기 시작할 것입니다.

부모의 우울은
반추에서 시작한다

"언니, 아무래도 난독증인 것 같아요."

아는 동생이 연락을 해 와서 이런저런 걱정을 털어놓았습니다. 아이 문제였어요. 1학년이 된 지 벌써 한 학기가 지나가는데도 글을 읽을 때 자꾸 더듬거린다는 것이었죠. 다른 아이들처럼 유창하게 읽지 못하다 보니 학습도 함께 더딘 것 같다고 했습니다. 한글을 제대로 떼지 못한 아이를 보며 아는 동생은 별의별 생각이 다 들었다고 했어요.

'노는 게 공부라고 생각했던 내가 너무 안일했던 건 아닐까?'

'입학 전에 한글을 확실히 뗐어야 했는데…….'

'이미 늦은 건 아닐까? 어렸을 때 책을 충분히 읽어 주지 않아서일까?'

동생은 생각할수록 자기 잘못인 것만 같다고 했습니다. 사실 아이는 단순히 천천히 학습하는 성향일 수도 있습니다. 그러나 그녀는 원인을 다양하게 찾기보다는 오롯이 자신의 부족함을 되돌아보며 반추하고 있었습니다.

끝없는 자기 탓의 회전문을 심리학에서는 '반추'라고 부릅니다. 반추에는 두 종류가 있습니다. 하나는 과거의 일을 단순히 돌이켜 보는 수준의 반추, 다른 하나는 자신을 끝없이 몰아붙이는 '비이성적 반추'입니다. 전자는 성찰이 되지만, 후자는 죄책감과 자기 비난으로 이어집니다.

'다 내가 잘못해서 그런 거야.'

'그때 조금만 더 신경 썼더라면…….'

이런 후회의 말은 부모의 마음을 조용히 잠식해 갑니다. 문제보다 자신의 부족함이 더 크게 느껴지고, '나는 좋은 부모가 아닌 것 같다.'라는 무력감이 엄습하지요. 비이성적 반추는 종종 우울로 이어집니다. 그리고 그 우울은 아이와의 관계에 조용히 스며듭니다. 겉으로는 괜찮아 보여도 말투에, 표정에, 침묵에 묻어나 아이에게도 서늘한 그림자를 드리우게 되지요.

앞서야 할 것 같고, 누구보다 더 잘해 내야 할 것 같고, 조금이라도 느리면 다 내 탓 같아지는 마음. 결국 이 모든 감정은 '나는 괜찮은 부모일까?'라는 질문으로 수렴됩니다. 그리고 그 물음에 답을 찾지 못한 채 맴도는 마음은 어느새 우울과 반추라는 이름으로 떠돌기 시작합니다.

이제 남은 질문은 이것일지 모릅니다.

'반복해서 자책하고, 나만 부족한 것 같고, 아이 앞에서 자꾸 작아지는 나는 이제 어떻게 해야 할까?

이 책의 마지막 장(6장)에서는 이런 부모의 마음을 다루며 그 마음에서 조금씩 빠져나올 수 있는 구체적인 방법들을 함께 살펴보고 있습니다. 정답을 단정하지는 않겠습니다. 하지만 그 안에서 작은 실마리를 찾을 수 있기를 바랍니다.

기준

기준은 아이의 거울이 되다

4

기준 있는 공부는
어떻게 가능한가?

아이가 커 갈수록 부모는 두 가지 감정 사이를 오갑니다. '기다려야 할까?' 아니면 '지금이라도 시켜야 할까?' 한쪽에는 '너무 이른 건 아닐까?'라는 걱정이, 다른 쪽에는 '벌써 늦은 건 아닐까?' 하는 불안이 동시에 놓여 있습니다. 그리고 학년이 올라갈수록 이 감정의 진폭은 더 커집니다.

얼마 전 상담했던 한 초등 3학년 학부모님이 떠오릅니다.

"선생님, 요즘 애들이 너무 빨리 달리더라고요. 우리 애도 수학을 빨리 따라가야 하지 않을까 싶어서 선행을 시작했는데, 자꾸 헷갈려 하고 자신감을 잃어 가는 게 느껴져요. 지금이라도 천천히 가야 할까요? 근데 속도를 늦추면 너무 늦어지는 건 아닐까요?"

이 질문 안에는 수많은 부모의 마음이 함께 담겨 있습니다. 무작정 멈출 수는 없고, 그렇다고 앞만 보고 달릴 수도 없을 때 부모는 중심을 잡아야 합니다. 기준 있는 공부는 조급하지 않지만 멈추지도 않습니다. 바쁘게만 움직이는 대신 '왜 이걸 배우는지', '지금 우리 아이에게 이게 필요한지'를 먼저 묻습니다. 아이에게 맞지 않는 공부는 잠시 멈출 수도 있고, 필요한 공부라면 시간을 들여 천천히 바닥부터 다져야 합니다.

지금부터는 부모가 스스로 중심을 잡을 수 있도록 여러 가지 실천 팁을 함께 나누려 합니다.

내 아이에게 맞는 공부란 무엇일까?
초등 저학년, 중학년, 고학년의 공부는 어떻게 달라야 할까?
사교육, 정말 우리 아이에게 필요한 걸까?
선행보다는 심화가 더 낫다는 말은 도대체 어떻게 실천하지?
'끝까지 해내는 힘'을 키우는 공부는 어떻게 가능할까?

이런 질문에 대한 실천해 볼 만한 방법들을 하나씩 풀어 갈 예정입니다. 지금부터 아이의 속도에 귀 기울이며 함께 걸어갈 수 있는 구체적인 길을 차근차근 짚어 보겠습니다.

기준이 있는 공부란 무엇인가?

"아직 아이가 받아쓰기도 서툰데 영어 학원을 시작해도 될까요?"

늦은 밤 맘카페에 올라온 한 줄의 질문입니다. 조금 느려 보이는 우리 아이의 걸음걸이 앞에서 부모의 마음은 매일 갈림길에 섭니다.

하지만 잠깐 숨을 고르고 생각해 봅시다. 교육 현실은 마치 모든 걸 다 해 둬야 안심이라는 강박에 사로잡혀 있는 것 같습니다. 연산도, 받아쓰기도, 독해도, 문해력도, 수학 사고력도, 심지어 AI 코딩까지 아이의 배낭에 온갖 능력을 다 넣어 두어야 미래가 안전할 것 같은 강박 속에서 우리는 자주 방향이 아니라 양을 선택하게 됩니다.

기준 있는 공부는 방향 설정을 잘하는 공부입니다. 방향 설정을 위해 해야 할 일은 다음 두 가지입니다.

첫 번째로 아이의 현재를 정확히 보아야 합니다. 예를 들어, 민준이는 연산은 빠른데 긴 문장을 읽다가 자주 지칩니다. 이럴 땐 국어

독해력이 수학 문제 해결에도 영향을 주니까 연산 심화보다 지문 읽기와 핵심 파악 훈련이 우선입니다. 반대로 수아는 책을 엄청 좋아해서 독해력은 괜찮은데 수학 문제만 보면 얼어 버립니다. 그러면 수아에겐 수학에서 자신감을 느낄 수 있는 쉬운 문제부터 반복해 보는 게 먼저입니다. 심화보다 '할 수 있다.'라는 감정을 심어 주는 게 기준이죠.

두 번째로 지금과 나중을 구분해야 합니다. 모든 걸 동시에 할 수는 없습니다. 지금 꼭 필요한 것(읽기, 쓰기, 기본 연산 같은 학습의 뿌리)과 조금 미뤄도 되는 것(아이가 아직 관심 없어 하는 영역)을 구분할 줄 아는 게 중요합니다. '지금 안 하면 나중에 못 따라가!'라는 불안으로 모든 걸 한꺼번에 시키는 걸 조심하세요. 공부는 '지금 꼭 필요한 것'부터 차근차근 다져야 쌓입니다. 불안이 아닌 필요로 선택하는 공부의 차이는 아이도 느낍니다.

결국 공부는 아이를 키우는 과정 중 하나거든요. 얼마나 잘하냐보다 얼마나 다치지 않고 잘 따라가게 도와주느냐가 더 중요한 거죠. 우리 애한테 맞게, 천천히 가더라도 방향만 제대로 잡으면 되는 거예요. (식상하겠지만) 양육의 절대 법칙, '애바애'를 수시로 떠올리세요. 내 아이에 맞는 기준을 우리가 갖고 있느냐가 중요합니다. 앞으로 만나 볼 우선순위 정하기, 원칙 있는 사교육, 멈춤의 시간, 선행 학습, 공부 주도성까지 이 모든 것들이 바로 그 기준을 구체적으로 만들어 가는 과정입니다. 이제 구체적인 방법들을 하나씩 살펴볼까요?

공부 방법은 아이의 성향과 학년에 따라 다르다

교실에서 아이들을 보면 참 신기합니다. 어떤 아이는 선생님 설명 한 번에 '아!' 하고 깨닫고, 어떤 아이는 그림으로 봐야 겨우 이해합니다. 또 어떤 아이는 몸으로 직접 해 봐야 '아, 이거구나!' 하며 눈이 반짝이죠. 아이들은 모두 다른 속도로, 다른 방식으로 자랍니다. 그래서 공부 방법에도 정답은 없습니다. 아이의 성향과 학년에 따라 우리가 도와줄 수 있는 방식이 달라져야 하는 거죠.

같은 집, 다른 아이들

아이 셋을 둔 지인과 저녁을 함께하며 자연스럽게 아이들 공부 이야기가 흘러나왔습니다. 첫째는 중학교 1학년, 둘째는 초등 3학년, 막내는 이제 7살 유치원생이었어요. 같은 부모 품에서 자란 형제들이었지만, 공부를 대하는 모습은 저마다 다른 색깔을 띠고 있었습니다.

"첫째는 아직도 손이 많이 가요. 그런데 의외로 둘째는 혼자서 자꾸 해 보려 하더라고요. 셋째는 아직 어려서인지 시키는 대로 잘 따라오는 듯해요. 같은 배에서 나왔는데 어찌나 다른지."

바로 아이의 개별 성향을 인정하는 데서 공부는 시작됩니다. 저희 집 두 아이도 성격이 한참 다릅니다. 첫째는 주변의 작은 변화에도 예민하게 반응합니다. 자기 기준이 뚜렷해서 엄마가 조금만 개입하려 해도 금세 불편해합니다. 잔소리는 오히려 마음의 문을 더 굳게 닫아 버리는 역효과만 낳더라고요. 언젠가 "이제 숙제해야지."라는 말 한마디를 건넸다가, "지금 막 하려고 했는데, 엄마가 그렇게 말하니까 딱 하기 싫어져."라는 퉁명스러운 대답을 들은 적이 있었습니다. 아이는 제가 도와준다며 자꾸 끼어들면 공부 자체가 싫어진다고 솔직히 말했습니다. 이 아이에게는 "필요하면 언제든 말해."라는 한걸음 뒤로 물러선 믿음이 훨씬 더 효과적이었습니다. 저는 조금 멀찍이서 아이 스스로 자신만의 방식을 찾아가는 시간을 지켜보기로 했습니다. "오늘 네가 세운 계획이 뭐야?"라고 가볍게 물어보는 정도에서 머물렀죠.

반면 둘째는 상대적으로 마음이 유연한 아이입니다. 제가 "이거 해 볼까?" 하면 어설프더라도 애써 따라 하려 노력합니다. 하루의 흐름을 같이 의논해 주는 것, 책을 고를 때 함께 앉아 "이 책은 어때?" 하고 권해 주는 것, "잘하고 있네!" 하고 응원해 주는 것이 이 아이에게는 든든한 힘이 되어 주더라고요.

내 아이는 어떤 학습자일까?

신중하고 꼼꼼한 아이(느림·완벽주의형)

수학 문제 하나 푸는 데 30분씩 걸리고, 틀릴까 봐 지우개질만 자꾸 하는 모습을 보면 '그냥 틀려도 되니까 빨리 써 봐!'라고 말하고 싶어집니다. 하지만 이런 아이들의 마음을 들여다보면 실수에 정말 민감하고 준비가 완벽하게 되지 않으면 시작조차 하지 못하는 경우가 많습니다. 생각은 깊은데 속도가 느려서 위축되기도 하죠. 이런 아이에게는 기초 개념을 차근차근 다지는 공부가 우선순위여야 합니다. 읽기나 기본 연산처럼 탄탄한 기초 위에서 자신감을 쌓게 해 주세요. 그다음에는 '틀려도 괜찮은 문제 풀이 경험'을 만들어 주는 게 중요합니다. "정답을 맞히는 게 목표가 아니라 네가 어떻게 생각했는지 엄마가 궁금해!"라고 말해 주세요. 특히 글쓰기보다는 말로 설명하는 연습부터 시작하는 게 좋습니다. 쓰기 전에 말로 표현해 보면 틀릴까 봐 머뭇거리는 마음이 덜어지기도 합니다.

잘하는 과목에서는 속도를 늦춰서라도 깊이 있게 파고들게 해 주세요. 이 아이들은 깊이 있는 이해가 강점이거든요. 부족한 영역에서는 시도부터 칭찬해 주는 게 중요합니다. 실제로 교육심리학자들의 연구에 따르면, 완벽주의 성향 아이들은 결과보다 과정을 인정받을 때 학습 동기가 더 높아진다고 합니다. 예를 들어, 수학 문제를 푸는 데 시간이 오래 걸려도 "네가 이렇게 차근차근 생각한 과정이 정말 좋구나."라고 말해 주세요. 틀린 문제가 있어도 "이 부분에서 이렇게 생각한 건 정말 창의적이야!"라고 격려해 주는 거예요.

에너지 넘치고 산만한 아이(활동적·감각추구형)

"가만히 좀 있어!"라는 말을 하루에 몇 번이나 하게 되는 아이들이 있습니다. 몸이 먼저 움직이고, 가만히 앉아 있는 걸 정말 힘들어하죠. 한 가지에 오래 집중하지 못하지만 직관적으로 문제를 푸는 감각은 뛰어납니다. 이런 아이들에게는 짧고 명확한 목표 과제가 효과적입니다. 긴 지문보다는 단문 독해, 복잡한 연산보다는 빠른 연산 위주로 시작해 보는 거죠. 타이머를 사용해서 "10분 안에 이것만 해 보자!"라고 하면 오히려 집중력이 올라가는 경우가 많습니다. 이 아이들에게는 짧고 집중도 높은 학습으로 성취감을 먼저 느끼게 해 주세요. 10분 집중해서 문제 5개를 풀었다면 "와, 정말 집중력이 대단해!"라고 인정해 주는 거예요. 반대로 느리고 반복이 필요한 과제들은 놀이나 게임형 과제로 변환해서 접근해 보세요. 구구단을 외우는 대신 구구단 카드 게임을 하거나, 한자를 쓰는 대신 한자 퍼즐을 맞춰 보는 식으로요. "앉아서 해."라고 강요하기보다는 "서서 공부해도 괜찮아!", "창의력이 뛰어난 사람들은 걸을 때 아이디어가 샘솟는대."처럼 몸의 움직임을 허용해 주는 것도 좋은 방법이에요. 글쓰기를 특히 어려워하는데, '말하기 → 말한 것 메모하기 → 메모를 글로 바꾸기 → 쓰기' 순서로 연결해 주면 좋습니다. "오늘 있었던 일을 먼저 말해 보고, 그림으로 그려 보고, 입말을 문장으로 써 보는 거야. 쓴 문장을 자연스럽게 다듬으면 하나의 글이 돼."처럼요.

감성적이고 상상력이 풍부한 아이(예술적·정서민감형)

글짓기나 그림, 음악 등에 특별한 감수성을 보이는 아이들입니다. 규칙적인 반복 학습에는 금세 지루함을 느끼죠. 이 아이들은 정서적 몰입이 가능한 과목에서 안정감부터 확보해야 해요. 좋아하는 창작 활동이나 독서를 통해 자신감을 쌓은 다음 그 자신감을 다른 영역으로 확장시키는 거예요. 연산이나 기초 개념처럼 반복이 많은 공부는 단순 계산 훈련보다는 이야기 속 문제, 생활 속 상황 비유, 또는 숫자 패턴 찾기처럼 시각적 자료를 활용해서 감각적이고 호기심을 끌 수 있는 방식으로 접근해야 흥미가 지속됩니다. 무미건조한 계산 문제보다 '상황이 그려지는 문제'가 훨씬 잘 흡수되죠. 특히 이 아이들은 비교나 평가에 민감하니까 "다른 아이들과 비교하지 말고 너만의 속도로 가자!"라는 메시지를 자주 전달해 주는 게 중요해요.

특히 혼자 하는 공부보다는 친구들이나 가족과 함께하는 프로젝트 학습을 통해 몰입도를 높일 수 있습니다. "우리 가족 여행 계획을 세워 보자. 예산도 계산하고 일정도 짜 보고!"처럼 말이에요.

논리적이고 분석적인 아이(이과형·계산형)

수학적 감각이나 과학 탐구에 유독 흥미를 보이는 아이들입니다. 사실에 기반한 논리적 사고를 선호하지만, 반대로 글쓰기나 감정 표현은 어려워할 수 있습니다.

이런 아이들은 수학과 과학 개념 정리부터 시작해서 응용문제까지 난이도를 점차 높여 가면 됩니다. 하지만 여기서 중요한 건 혼자만 알고 있지 말고 '설명하게 하는 훈련'을 병행하는 거예요. "이 공식이 왜 이렇게 나왔는지 설명해 줄래?", "이 실험 결과를 친구에게 어떻게 설명하겠어?"처럼 표현할 기회를 많이 만들어 주세요. 언어적인 표현력이 느리다고 조급해하지 마세요. '책 읽기 → 말하기 → 쓰기' 순서로 천천히 확장해 나가면 됩니다. 특히 과학이나 수학 관련 책부터 시작해서 아이의 관심 영역에서 독서 습관을 만들어 가는 게 좋아요.

아이의 성향을 파악했다고 해서 좋아하는 것만 키우라는 뜻이 아닙니다. 오히려 그 성향을 발판 삼아 부족한 부분까지 함께 끌어올리는 게 핵심입니다. 여기서 '7:3 원칙'을 제안하고 싶어요. 아이가 좋아하고 잘하는 영역에 70퍼센트, 부족하지만 꼭 필요한 영역에 30퍼센트의 시간과 에너지를 투자하는 거예요. 7:3원칙은 좋아하는 것으로 탄탄한 자신감을 쌓고, 그 자신감을 바탕으로 어려운 것에도 도전할 용기를 키우며, 부족한 부분도 포기하지 않고 꾸준히 발전시키는 것이 핵심입니다. 핀란드 교육 연구소의 연구 결과를 보면, 아이들이 자신의 강점 영역에서 성취감을 느낄 때 다른 영역에 대한 학습 동기도 함께 높아진다고 합니다. 이는 성공 경험이 주는 긍정적 에너지가 다른 영역으로 전이되기 때문이죠.

학년별 적정 공부량 정하기

"선생님, 아이가 4학년인데요. 하루에 몇 시간 공부하는 게 적당한가요?"

어느 강연장에서 마주한 한 학부모님의 간절한 질문이었습니다. 그 목소리 속에는 좋은 부모가 되고 싶은 마음과 함께 혹시 우리 아이가 제대로 하고 있나 하는 조용한 불안이 함께 스며 있었습니다. 정답은 무엇일까요? 아니, 애초에 정답이라는 것이 존재할까요?

아마 여러분도 이미 마음속으로 답을 떠올리셨을 거예요. 그렇습니다. 딱 맞아떨어지는 정답은 없습니다.

학년별 적정 공부 시간을 '학년×20분'으로 설명하는 선생님이 계십니다. 1학년이면 20분, 2학년은 40분, 3학년은 60분, 이렇게 계산할 수 있다는 거예요. 또 어떤 분은 30분을 곱하라고 하고, 또 다른 분은 학년 수만큼의 시간이면 충분하다고 말씀하시기도 합니다.

교육학에서 가장 중요하게 여기는 개념 중 하나는 바로 '개별화'입니다. 마치 같은 정원에서도 각기 다른 속도로, 다른 빛깔로 피어나는 꽃들처럼 각각의 아이들에게 일반화된 공식을 그대로 적용하기란 참 어려운 일이거든요.

하루에 얼마나 공부하면 좋을지에 대한 명쾌한 기준이 없다니, 마음이 답답하시죠? 그렇다면 기준을 조금 다르게 바라보면 어떨까요? 평균이라는 허상 대신 '최소'라는 현실적인 기준에서 생각해 보는 거예요. '이 나이라면 적어도 이 정도는 스스로 해낼 수 있어야 한다.'라는 기준을 세워 두는 거예요. 그렇다면 그 '적어도 이 정도'는 어느 정도를 의미하는 걸까요? 국가 수준 교육 과정에서 제시하는 '성취 기준'이 하나의 기준이 될 수 있습니다. 이는 '1학년이라면 이 정도는 알고 있어야 해. 그래야 2학년이 순조로울 수 있어.'라고 정해 둔 하나의 이정표 같은 것이지요.

성취 기준은 학부모님이라면 누구나 들여다볼 수 있는 공개된 자료입니다. 필요할 때 학교 홈페이지를 살펴보시거나, 학생평가지원 포털 사이트(https://stas.moe.go.kr/cmn/main)를 확인하면 전 학년 성취 기준을 간단하게 볼 수 있어요.

여기서 중요한 것은, 성취 기준에 도달하기까지의 여정이 아이마다 전혀 다르다는 점입니다. 어떤 아이는 기본 문제에서 충분한 시간을 보내며 탄탄한 뿌리를 내려야 하고, 다른 아이는 기본을 최소화하고 응용과 심화로 더 빨리 나아가는 것이 효율적일 수도 있어요. 이해의 폭과 연산의 속도도 저마다 다르니 풀어야 할 문제의 개수도 자연스럽게 달라지겠지요.

초등학생이 매일 해야 하는
필수 공부 세 가지

초등학생은 구체적으로 무엇에 집중해야 할까요?

아무리 바빠도 아이들이 매일 실천해야 할 학습 습관 세 가지는 매일 읽기, 매일 쓰기, 매일 수 감각 키우기입니다. 초등 시기에는 학년별 적정 공부 시간보다 위의 세 영역 중에 소홀한 영역은 없는지, 분량은 적절한지, 성취 기준에는 충분히 도달하는지 살펴보는 것이 더 중요합니다. 이 세 가지는 단순히 성적 향상을 위한 것이 아니라 아이들의 평생 학습 능력과 내적 성장의 토대가 되는 중요한 습관입니다.

매일 읽기

읽기는 단순히 독해력이나 어휘력 향상을 위한 수단이 아닙니다. 책이나 텍스트 속에는 저마다의 세상이 담겨 있고, 읽는다는 것은 그 세상을 경험하는 것이죠. 아이들에게 간접 경험은 그 어떤 학습보다 유의미할 수 있습니다. 조금만 살펴보면 읽을거리는 한글책과 영어책은 물론 신문, 잡지 기사, 심지어 다른 친구들의 글까지 무궁무진합니다. 당연히 아이들이 다양한 자료를 많이 접할수록 좋습니다. 읽는 방법도 다양하게 접근할 수 있는데, 처음부터 끝까지 완독하는 통독 방식과 필요한 부분만 골라 읽는 발췌독 방식을 모두 활용할 수 있습니다. 특히 외국어 학습 시에는 듣기 자료와 함께 읽는 방법도 효과적입니다. 가장 중요한 것은 내가 가진 경험과 기억을 책 속의 세상과 연결하여 경험의 폭을 확장시키는 것입니다.

매일 쓰기

쓰기는 흩어진 생각들을 하나의 실로 꿰어 보석으로 만드는 마법과 같습니다. 머릿속에서 맴도는 모호한 감정들과 생각들이 펜 끝을 통해 명확한 문장이 되어 세상에 모습을 드러내는 순간 아이는 자신만의 목소리를 발견하게 돼요. 아이들은 글쓰기를 통해 생각하는 법을 배우게 되고, 생각이 제대로 정리되어야 더 나은 행동을 할 수 있는 토대가 마련됩니다. 쓰는 것은 자신의 생각이나 배운 것을 인출하는 행위이기 때문에 본인이 쓴 내용은 장기 기억으로 저장되는 데도 효과적이죠. 글을 쓰다 보면 내가 아는 것과 모르는 것을 극명하게 드러낼 수 있어서 메타인지 학습과도 연결됩니다. 정서적인 측면에서도 글쓰기는 굉장히 긍정적인 효과를 가져오는데요. 자신의 감정을 기록하고, 거기서 비합리적인 사고방식은 없는지 확인하며, 수정하는 과정을 거치면서 자기 치유를 하기도 하고, 글을 쓰면서 스스로 위안을 받기도 합니다. 글쓰기에 접근하기 쉬운 것은 생활 일기나 그날의 감사 일기 같은 형태입니다. 이 외에도 독서 감상문, 배운 내용을 정리하는 노트, 학습 일기 등 쓸 거리는 무궁무진합니다. 필사도 좋은 쓰기 활동 중 하나인데, 필사한 내용에 자신의 생각 한마디까지 덧붙여 적어 본다면 초기 글쓰기 활동으로 매우 적합합니다.

매일 수 감각 키우기

왜 연산이라 하지 않고 어렵게 '수 감각'이라는 표현을 쓸까요? 연산은 수 감각을 기르는 데 도움이 되는 하나의 도구일 뿐 그 자체가 목표는 아닙니다. 수 감각은 문제를 풀 때 스스로 도출한 답이 정답인지, 오답인지, 정답에 가까운 근삿값인지 직관적으로 파악할 수 있는 능력이고요. 이러한 수 감각은 단기간에 급작스럽게 키워질 수 없는 능력입니다. 그래서 매우 적은 학습량이라도 꾸준해야 하는 거죠. 유아기 아이가 수 감각을 연산 문제집으로 키우는 것은 곤란한 것처럼 아이의 연령에 따라서 접근 방법이 달라야 합니다. 매일 10분이든 20분이든 짧은 시간이라도 꾸준히 매일 조금씩 수준을 높여 가며 계속 이어 나가는 것이 중요합니다. 연산 문제집을 활용하든, 수학의 원리를 다룬 책으로 개념을 익히든, 기타 문제집을 활용하든 방법적인 부분들은 아이의 수준과 성향에 따라서 달라질 수 있습니다.

해야 할 공부를 성실히 마치고 "다 했어요!"라고 말하는 아이에게 공부 시간이 짧다며 아쉬워하지 마세요. 아이의 성장은 언제나 일정하지 않을 수 있어요. 때로는 빠르게, 때로는 천천히 진행되죠. 자신에게 주어진 과제를 온전히 완수했다는 것 자체가 충분히 의미 있는 성취입니다.

원칙이 있는
사교육이라면 괜찮습니다

매일 읽고, 쓰고, 수와 친해지는 작은 습관들이 아이의 일상에 자리 잡혀 가고 있다면 이제 조금 더 현실적인 고민을 함께 나누어 볼 시간입니다. 바로 사교육에 대한 이야기입니다.

사교육 자체는 문제가 아닙니다. 진짜 문제는 나침반 없이 사교육이라는 바다를 표류하는 것입니다.

"다들 하니까 우리도 해야 해.", "안 시키면 뒤처질 것 같아." 이런 불안과 비교의 바람에 이끌려 시작된 사교육은 아이에게도 부모에게도 무거운 짐이 되어 버립니다. 마치 목적지도 모른 채 떠난 여행처럼 길을 잃고 헤매는 시간만 늘어나죠.

사교육은 하나의 도구입니다. 잘 활용하면 아이의 성장을 돕는 든든한 디딤돌이 되지만, 기준 없이 사용하면 이정표 없는 지도처럼 아이를 혼란스럽게 만들 수 있어요.

'왜 시키는가?', '무엇을 위해 시키는가?', '언제까지 시킬 것인가?' 이 세 가지 질문에 분명한 답을 가지고 있을 때만 사교육은 진정 아이를 위한 선택이 됩니다. 아이의 발달 단계와 필요, 그리고 고유한 성향을 세심히 들여다보며 '선별적 사교육'을 한다면 그것은 아이의 세계를 넓히는 좋은 수단이 될 수 있습니다.

저도 아이를 학원에 보낼 때 정말 많은 고민이 있었습니다. 마음속에서는 이런저런 생각들이 복잡하게 얽혀 있는데, 한눈에 정리해 보니 무엇이 진짜 중요한지, 어떤 것들은 과감히 내려놓아야 할지 선명하게 보이더라고요. 그럼 사교육에 대한 정보를 차분히 정리해 봅시다.

사교육 현황 정리하기

우리 아이의 사교육 현황을 하나씩 살펴보겠습니다. 먼저 아이가 다니는 곳들을 종류별로 나누어 적어 보세요. 미술 학원인지, 영어 학원인지, 수학 학원인지 말이에요. 그다음엔 각 학원의 이름을 적어 봅니다. 언제 다니는지도 중요하죠. 월요일부터 일요일까지 중에서 언제 수업이 있는지, 그리고 일주일에 몇 번씩 다니는지 정리해 보세요. 한 번 갈 때마다 몇 시간씩 있는지도 함께 적어 두고요. 마지막으로 매달 얼마씩 나가는지 그 금액까지 적어 봅니다. 수

강료, 교재비, 교통비 등을 다 포함해서요. 그 금액이 가계 소득에서 차지하는 비중이 적정한지도 검토해 보세요. 이렇게 하나하나 적어 두면 막연한 기대가 아니라 실제로 우리 가족의 시간과 에너지, 그리고 경제적 여건이 어떻게 사용되는지 눈으로 확인할 수 있습니다. 숫자와 일정으로 정리하면 '뭔가 좋아 보여서' 시작한 것들이 실제 생활 속에서 어떤 무게를 갖게 되는지 현실적으로 보이게 됩니다.

부모와 자녀의 '목적' 들여다보기

부모의 기대와 아이의 진짜 마음을 구분해서 적어 보는 가장 중요한 단계입니다. 부모가 원하는 것과 아이 마음속 진짜 목적은 생각보다 많이 다를 수 있거든요. 예를 들어, 부모는 '미술 학원에 다양한 미술 기법을 배워 왔으면 좋겠다.'라는 목적이었지만, 아이는 그냥 재미있는 놀이 정도로 여기고 있을 수도 있습니다. 그러면 부모와 아이 사이의 온도 차이가 얼마나 되는지 알 수 있죠. 만약 그 차이가 너무 크다면 다시 한번 생각해 볼 필요가 있습니다.

타당성 점검하기

이제 사교육의 진짜 가치를 점검할 차례입니다.

- **시기의 적절성**: 지금 이 시기에 꼭 필요한가요?
- **비용 대비 효과**: 3개월 후 아이에게 어떤 변화를 기대하나요? 그 변화가 투자 비용만큼의 가치가 있나요? 같은 비용으로 다른 방법은 없을까요?
- **자녀의 흥미와 적성**: 아이가 이 수업을 진심으로 좋아하고 즐거워하나요?
- **우선순위**: 여러 사교육 중에서 이것의 중요도는 어느 정도인가요?

이 네 가지를 솔직하게 적어 봅니다. 불안이나 기대가 아닌, 아이 중심의 판단을 위한 과정인 동시에 부모 자신의 마음도 들여다보는 기회가 될 거예요.

대안적인 집 공부 모색하기

사교육이 반드시 필요한 경우도 있지만 때로는 가정에서 충분히 그 역할을 대신할 수 있는 방법들이 있을 수 있습니다. 만약 학원을 보내지 않기로 결정했다면 집에서 어떤 방식으로 그 빈자리를 채울 수 있을지 생각해 보는 거예요.

"미술 학원 대신 집에서 창작 시간을 만들어 줄까?", "영어 학원 대신 매일 함께 영어 동화책을 읽어 볼까?", "수학 학원 대신 아이와 함께 규칙적으로 문제집을 풀어 보자!"

물론 이런 대안들을 실행하려면 부모에게는 더 많은 시간과 정성이 필요합니다. 특히 맞벌이 가정이라면 현실적으로 더욱 어려운 일입니다. 퇴근 후 저녁 준비에 집안일까지 하루하루 버거운 일상 속에서 아이와 함께하는 학습 시간을 만든다는 것은 쉽지 않습니다. 현실이 이렇다 보니 많은 부모들이 학원을 차선책으로 택하는 거겠지요. 죄책감 느낄 필요 없습니다. 다만 주말 한 시간 또는 잠자리에서 함께 책 읽는 10분이라도 꾸준히 이어 간다면 그것만으로도 충분히 의미 있는 시간이 될 수 있습니다. 집 공부에 도전해 보면 학원에 맡기는 것보다 오히려 더 손이 많이 갈 수도 있습니다. 하지만 이렇게 작은 대안들을 미리 떠올려 두는 것만으로도 사교육에 대한 선택이 더 명확해집니다. '정말 꼭 필요한 것'과 '집에서도 충분히 할 수 있는 것'을 구분하는 기준이 생기거든요.

결국 중요한 것은 사교육을 하느냐 안 하느냐가 아니라 우리 아이에게 진정 도움이 되는 선택을 하고 있느냐는 것이겠지요. 그 선택이 학원이든 집에서의 시간이든 명확한 기준과 목적이 있을 때 아이의 성장을 돕는 의미 있는 여정이 될 수 있을 거예요.

기준이 있는 아이 사교육 정리표

종류	미술							
학원명	그리다							
요일 (횟수)	화,금 (주 2회)							
시간	회당 90분							
비용	12만 원							
부모의 목적	정서 함양							

자녀의 목적	재미							
시기의 적절성	저학년 시기라서 적절하다고 여겨짐							
비용 대비 효과성	상							
자녀의 흥미도	매우 높음							
부모의 우선순위	5위							
대안적 집 공부 방법	미술 놀이 시간 제공							

아래는 사교육 투자 타당성 점검을 위한 5점 척도 체크리스트입니다. 각 항목별로 1점(전혀 그렇지 않다.)부터 5점(매우 그렇다.)까지 체크해 보세요. 점수가 낮은 항목은 재고가 필요함을 의미합니다.

사교육 종류	1점 전혀 그렇지 않다.	2점 그렇지 않다.	3점 보통 이다.	4점 그렇다.	5점 매우 그렇다.
1. 사교육이 왜 필요한지 분명히 설명할 수 있다.					
2. 공교육·가정 학습만으로 부족하다.					
3. 사교육이 아이의 목표 달성에 실질적으로 도움이 된다.					
4. 사교육비 지출 규모를 정확히 파악하고 있다.					

5. 투자한 만큼의 성과가 객관적으로 나타난다.					
6. 사교육비가 가계 소득에서 차지하는 비중이 적정하다.					
7. 사교육이 가정의 다른 부분(저축, 노후 등)을 지나치게 희생시키지 않는다.					
8. 사교육이 아이의 자율성·창의성·자기 주도성 향상에 도움이 된다.					
9. 아이가 사교육을 자발적으로 원하고 즐겁게 참여한다.					
10. 사교육이 아이의 스트레스·피로를 과도하게 키우지 않는다.					
11. 사교육이 학교 공부·집 공부와 균형을 이룬다.					

체크 방법

각 항목별로 1~5점 중 해당하는 점수에 체크하세요.

총점이 높을수록 사교육 투자가 타당할 가능성이 높습니다.

3점 이하가 많은 항목은 사교육 방식이나 필요성에 대해 다시 고민해 보는 것이 좋습니다.

멈춤의 시간이
아이를 자라게 한다

 사교육 현황을 하나씩 정리하면서 우선순위를 다시 살펴보셨나요? 그렇다면 이제 한 걸음 더 나아가 아이의 하루 일과를 전체적으로 조망해 보는 시간입니다. 학교에서 돌아온 후 저녁 시간, 그리고 주말까지 포함해서 말이에요. 그 빼곡한 시간표 속에서 혹시 놓치고 있는 게 있는지 살펴보세요. 바로 아이가 그저 멍하니 있을 수 있는, 아무것도 하지 않아도 되는 여백의 시간 말입니다. 아이의 시간표를 하나씩 정리하다 보면 어느 순간 문득 깨닫게 되는 것이 있습니다. 우리 아이가 언제 마지막으로 진짜 '여유로운' 시간을 가졌는지 기억이 나지 않는다는 사실 말이에요.

아이에게는 멍 때릴 시간이 필요하다

어느 늦은 오후 제 아이가 거실 창가에 멀뚱히 서 있더군요. 무엇을 하고 있는지 물어보니 아이는 "그냥 멍을 때리고 있었어요."라고 매우 담백하게 대답했습니다. 예전 같았으면 "시간 좀 아껴 써!" 하고 재촉했을 것입니다. 그런데 그날은 달랐습니다. 아이의 얼굴을 자세히 보니 평소보다 평온해 보였거든요. 늘 뭔가에 쫓기듯 바쁘게 움직이던 아이가 정말 오랜만에 마주한 평안한 표정이었죠. 그 모습을 보면서 문득 '언제부터 우리는 가만히 있는 시간을 쓸데없는 시간이라고 여기게 되었을까?' 하는 생각이 들었습니다. 아이가 무언가를 하지 않아도, 뭔가를 배우지 않아도 그저 자기만의 속도로 세상을 바라보는 이 순간이 어쩌면 가장 소중한 시간일지도 모르잖아요.

뇌과학에서는 아무것도 하지 않는 이 고요한 시간을 디폴트 모드 네트워크Default Mode Network, DMN가 활성화되는 신비로운 순간이라고 설명합니다. 디폴트 모드 네트워크란, 우리 뇌가 외부의 특정한 과제나 작업에 집중하지 않을 때 활성화되는 뇌 영역들의 네트워크를 의미합니다. 쉽게 말하면, 우리가 아무 일도 하지 않거나 생각이 자유롭게 떠다닐 때 뇌 속에서 자동으로 작동하는 기본 회로라고 할 수 있죠. 신경과학자 마커스 라이클Marcus Raichle은 사람들이 과제에 집중할 때 오히려 특정 뇌 부위의 활동이 감소하는 현상을 발견했는데요. 일반적인 상식으로는 과제에 집중할 때 뇌 활동이 활발해진다고 생각하잖아요? 그런데 반대로 아무 일도 하지 않을 때 바로 그 부위들이 활발하게 작동한다고 합니다. 이는 우리 뇌가 결코 진정한 휴식을 취하지 않는다는 것을 의미하죠. 겉보기에는 아무것도 하지 않는 것 같지만 실제로는 내면에서 가장 중요한 작업들이 조용히 진행되고 있는 거예요. 우리가 바쁜 하루를 마치고 마음을 쉬게 할 때 뇌는 그동안 쌓인 정보와 경험들을 체계적으로 분류하고 재배치를 한다는 거죠. 어떤 기억은 장기 기억으로 저장되고, 어떤 경험들은 서로 연결되어 새로운 이해를 만들어 내고요. 마치 잘 정돈된 책상에서 필요한 물건을 쉽게 찾듯 정리된 뇌는 필요한 순간에 더 명확하고 효과적인 사고를 가능하게 해 주는 겁니다.

더욱 의미 있는 것은 아이가 아무런 목적 없이 시간을 보내는 동안 자신의 내면에서 올라오는 진짜 목소리를 듣게 된다는 점입니다. '나는 정말 무엇을 하고 싶을까?', '어떤 순간에 가장 행복할까?'라는 질문들이 자연스럽게 떠오르게 되죠. 외부의 기대와 압박에 휩쓸리지 않고, 오직 자신만의 기준과 관심사를 발견하는 이 시간들이 모여 아이의 진정한 정체성을 형성하는 기초가 되어 줍니다. 조용한 순간에서만 자신의 진짜 모습을 명확하게 바라볼 수 있기 때문입니다.

다운타임이 뇌에 미치는 놀라운 효과

아이의 뇌에서 디폴트 모드 네트워크가 활성화되려면 여백이 필요합니다. 치밀한 일정 사이사이에 짧고 굵은 소중한 여백 말이죠. 이 여백의 시간을 '다운타임'이라고 합니다. 이 시간 동안 뇌는 단순히 멈춰 있는 것이 아니라 배운 내용을 체계적으로 정리하고, 자아 성찰, 감정 처리, 창의적 연결 등을 활발히 수행하죠.

다운타임은 창의적 사고와 문제 해결력의 원천이 되는 소중한 시간이에요. 아이들이 멍하니 있는 동안에도 머릿속에서는 자유로운 생각들이 서로 만나고 연결되며 예상치 못한 아이디어의 조합이 탄생합니다. 서로 다른 경험과 지식이 자연스럽게 융합되어 새로운 가능성을 열어 가는 과정이 되죠.

다운타임이 선사하는 또 다른 선물은 정서적 안정입니다. 하루 종일 쌓인 스트레스와 불안감이 조용한 휴식 속에서 자연스럽게 완화되는 거예요. 조용히 쉬는 시간이 뇌의 스트레스 호르몬인 코티솔 수치를 낮추어 주고, 정서적 균형을 회복하도록 도와주거든요.

'DMN', '다운타임'과 같은 거창하고 낯선 용어를 쓰니 대단한 무언가 같을 수 있을 거예요. 실은 그리 거창하지도, 대단하지도 않습니다. 제 아이처럼 멍하니 창밖을 보는 그 순간처럼 어쩌면 엄마 속이 터지는 그런 시간이 다운타임입니다. 아무 생각 없이 산책하기, 방바닥에 누워 음악 듣기, 멍 때리기 같은 보고 있으면 천불 터지는 그런 모습을 떠올리면 됩니다. 물론 엄마 속에 천불은 날지언정 아이 머릿속에는 그동안 묵혀 두었던 생각들이 정리정돈되고 있을 거예요. 아니, 그렇다고 우리 믿읍시다.

다운타임으로 아이를 어떻게 도울 수 있을까?

(비록 속에서 천불은 나지만) 다운타임의 과학적 가치와 교육적 의미를 이해했다면 이제 우리 일상 속에서 어떻게 실천할 수 있을지 함께 살펴볼게요.

첫 번째는 아이만의 조용한 순간을 매일 만들어 주는 것입니다. 굳이 시간을 정해 두기보다는 하루에 10분이라도 자연스럽게 찾아오는 여유로운 틈을 소중히 여겨 주세요. 전자기기 없이 창밖을 바라보거나 방바닥에 편안히 누워 쉬는 시간, 혹은 식사 후 잠시 멍하니 앉아 있는 순간들을 허용해 주는 거예요. 만약 아이가 심심하다고 투덜거리면 바로 해결책을 제시하기보다 "해야 할 일 없이 시간을 흘려보내도 좋아!"라고 말해 주는 것만으로도 충분해요.

두 번째는 주말에 의도적으로 여백을 남겨 두는 것입니다. 귀한 주말 시간을 빽빽하게 채우고 싶은 마음을 잠시 내려놓고 일부러 비워진 시간을 아이에게 선물해 주세요. 아마 진짜 선물 같을 거예요. 학교에서도 아이들이 제일 좋아하는 보상이 '자유 시간'이거든요. 그 빈 시간 동안 아이 스스로 하고 싶은 것을 선택하고 발견할 수 있는 기회가 생겨날거라 믿어 주세요.

세 번째이자 가장 중요한 것은 부모가 먼저 여유를 즐기는 모습을 보여 주는 것입니다. 아이들은 우리의 말보다 행동을 더 깊이 받아들이거든요. 책을 읽는 조용한 시간이나 차 한 잔을 천천히 마시는 여유로운 순간들을 통해 엄마, 아빠도 즐기고 있음을 보여 주셔도 좋아요. 매일같이 일분일초를 아낌없이 쓰는, 너무나도 훌륭하지만 가끔은 숨막히게 보이는 삶의 모습 사이에 여백을 만들어도 충분히 좋은 부모일 거예요.

최근에 제 둘째 아이가 이런저런 대회를 준비하느라 피곤했는지 이석증에 걸렸습니다. 치료를 받고 최대한 머리를 움직이지 말고 앉아 있어야 빨리 낫는다는 의사 선생님 말씀에 아이가 한참을 소파에 앉아 있었어요. 거의 하루를 아무것도 하지 않고 앉아만 있던 아이가 내뱉은 말이 가관이었어요. "엄마, 마음이 불편해. 시간을 너무 헛되게 보내는 느낌이야."

머리를 움직일 때마다 어지럽다고 투정 부릴 만도 한데, 아무것도 하지 않고 시간을 보내는 게 참 어색했나 봐요. 생각해 보면 그렇게 긴 시간 멍하니 있어 본 적이 언제였는지 떠오르지도 않더라고요. 신생아 시절 빼고는 어쩌면 없었을지도 모르겠네요. 저도 제 아이에게 다운타임의 여유를 자주 선물해 줘야겠다고 마음먹었습니다.

아이의 다운타임을 '게으름'이라는 시들한 단어나 '시간 낭비'라는 차가운 판단으로 바라보지 마세요. 가만히 있는 아이를 불안해하지 마세요. 물론 완벽한 여백을 만드는 것은 쉽지 않습니다. 처음에는 아이도, 부모인 우리도 어색할 거예요. 항상 바쁨이라는 리듬에 익숙해진 몸과 마음이 멈춤이라는 새로운 박자를 어색해하는 것은 당연한 일이니까요.

선행 학습 과연 정답일까?

조용한 다운타임 속에서 아이가 자신만의 리듬으로 성장해 가는 모습을 지켜보다 보면 어느새 또 다른 고민의 문턱에 서게 됩니다. 바로 선행 학습이라는 이름의 거대한 벽 앞에서 말이에요.

"엄마, 친구들은 벌써 중학교 수학까지 끝냈대. 나도 해야 되는 거 아니야?"

어느 날 저녁, 숙제를 하던 딸아이가 불쑥 던진 이 말에 제 마음이 저릿했습니다. 아이의 목소리 끝자락에 묻어난 불안감이 고스란히 제게 전해졌거든요. 초등 고학년 아이들끼리도 서로의 진도를 확인하며 은근한 경쟁의식을 드러내더군요.

초등 3, 4학년은 5, 6학년 과정을, 초등 5, 6학년은 중학교 과정을 '떼야 한다.'라는 압박감은 이제 자연스러운 풍경이 되어 버렸습니다. 남들 다 달려가는 이 길 위에 우리 아이만 느릿느릿 걸어가고 있다면 마치 벌써 뒤처진 것처럼 느껴지는 것도 사실이에요.

게다가 초등학교에서는 명확한 백분위나 등수로 실력을 확인하기 어렵다 보니 "요즘 몇 학년, 몇 단원 하고 있어?"라는 이 질문이 아이의 실력을 대신 재는 기준이 되어 버렸습니다. '실력=진도'라는 인식 속에서 선행 학습은 더 이상 선택이 아닌 필수처럼 자리 잡았죠.

여기서 잠시 마음을 가라앉히고 스스로 질문해 봅시다. 우리가 쫓고 있는 이 '기본'은 과연 진짜 기본일까요, 아니면 서로가 서로를 밀어올리며 만들어 낸 불안의 기준일까요?

무엇이 기본이든 불안이든 우선은 냉정히 현실을 바라봐야 합니다. 인정할 것은 인정해야 하니까요. 중학생, 특히 고등학생이 되면 학습량과 난이도가 급격히 높아지는 것이 사실입니다. 학교 수업은 숨 돌릴 틈 없이 빠르게 흘러가고, 국, 수, 사, 과, 영 모든 과목이 동시에 깊이를 요구합니다. 게다가 대학 입시는 '정확성'뿐만 아니라 '속도'까지 평가하지요.

이 치열한 구조 속에서 미리 한 번이라도 내용을 접해 본 아이가 상대적으로 덜 당황하는 것은 부인할 수 없는 사실입니다. 선행 자체가 나쁜 것은 아닙니다. 오히려 무조건 '천천히 가야 한다.'라는 고집이 아이를 더 힘들게 할 수도 있습니다. 그렇다고 선행을 '모두에게, 더 빨리, 더 많이' 돌려야만 한다는 것도 정답은 아닙니다. 결국 중요한 것은 우리 아이만의 속도와 필요를 정확히 읽어 내는 부모의 지혜가 아닐까요? 남들의 기준에 휩쓸리지 않으면서도 현실적인 준비 또한 게을리하지 않는 섬세한 균형 감각 말이에요.

그 균형의 중심에서 아이를 바라보다 보면 선행학습에 대한 판단도 더욱 명확해집니다. 20년 가까이 교실 풍경을 지켜보며 깨달은 것은, 진정으로 선행 학습이 필요했던 아이들은 손에 꼽을 정도였다는 사실입니다. 그마저도 특별한 조건들을 모두 갖춘 경우에만 가능했습니다.

선행 학습의 두 가지 함정

선행 학습은 아이가 충분히 준비되어 있고, 현재 배우는 내용을 탄탄히 이해하고 있으며, 무엇보다 스스로 더 배우고 싶어 한다면 분명 도움이 될 수 있습니다. 하지만 좋은 의도로 시작한 선행 학습이 때로는 예상치 못한 방향으로 흘러가는 경우가 있습니다. 선행 학습을 고민하고 있거나 이미 시작한 가정에서 꼭 알아 두면 좋을 두 가지 함정을 알려 드릴게요.

'잘 안다.'라는 착각_ 인지적 함정

아이마다 뇌가 배우는 방식은 다릅니다. 어떤 아이는 한 번 배울 때 깊이 이해하고 차곡차곡 쌓아야 다음으로 넘어갑니다. 어떤 아이는 가볍게 여러 번 반복하면서 감을 익히죠. 그래서 공부법을 두고도 전문가들 사이에는 다양한 의견이 존재합니다. 어떤 전문가는 "한 번 배울 때 심화까지 완전히 이해하고 넘어가야 한다."라고 말하고, 또 다른 전문가는 "빠르게 여러 번 반복하며, 소위 '몇 회독'을 해야 한다."라고 강조합니다. 문제는 처음부터 개념 이해가 완벽하지 않은 채 '훑기'만 하면 오히려 틀린 이해를 반복해서 강화할 위험이 크다는 것입니다. 특히 선행을 위한 개념서나 유형서는 대체로 그리 어려운 교재를 선택하지 않다 보니 "그냥 풀었더니 답이 나왔어."라며 스스로 잘 안다고 착각하기 쉽습니다. 그런 착각은 조금만 문제가 변형되거나 개념을 연결해서 묻는 문제가 나오면 금세 드러나죠. "나는 이걸 안다."라는 착시와 "이 문제는 풀 수 있다."라는 오해를 불러일으켜요. 이 두 가지가 겹치면 아이는 공부를 얕게 해 놓고 깊게 배웠다고 믿게 됩니다.

우리나라 부모들은 대체로 자녀를 과대평가하는 경향이 있습니다(동시에 아이를 과소평가하여 많은 부분을 대신해 주는 것도 또 다른 문제지만요).

"내 아이는 괜찮을 거야."

"선행해도 문제없을 거야."

이런 기대 속에 무리한 선행이 시작되곤 합니다. 하지만 현실은 달라요. 선행 학습을 한 아이들은 종종 자신이 내용을 잘 알고 있다고 착각합니다. 마치 거대한 코끼리를 만져 본 사람이 "다리를 만져 보니 코끼리는 기둥처럼 생겼어!" 하고 단언하는 것과 같습니다. 실제로는 코끼리 전체를 알지 못하면서 부분만 보고 전체를 아는 듯 착각하는 것이지요. 대충 알고 있다고 믿는 순간 아이들은 수업 집중을 놓치고 오히려 중요한 배움의 기회를 흘려보내게 됩니다.

상위권과 최상위권의 차이는 결국 메타인지, 즉 내가 무엇을 알고 무엇을 모르는지 아는 능력에서 갈립니다. '잘 모르는 부분'을 스스로 알아차리고 집중할 수 있는 능력, 즉 오류를 발견하고 수정해 나가는 힘이 있어야 진짜 실력이 자라거든요. 그런데 선행 학습은 이 메타인지 능력을 기르기 어렵게 만듭니다. 스스로 잘 안다고 믿는 순간 배운 내용 속 작은 오류들을 눈치채지 못하고 방치하게 되기 때문입니다. 겉으로는 진도를 따라가는 것 같지만 속에서는 모르는 부분이 점점 벌어지고 자신도 모르는 사이 결손이 커져 가죠.

선행을 했더라도 아이가 교실 수업에서 새로운 것을 찾아내고 다시 배우는 태도를 잃지 않도록 도와야 합니다. "나는 이걸 다 알아."라는 착각 대신 "이 중에서 내가 놓친 건 없을까?"를 질문할 수 있게 해야 합니다. 이미 알고 있다고 느끼는 내용에서도 10개의 학습 요소 중 1~2개의 새로운 지점을 찾고 집중하는 습관이 학습의 완성도를 높이는 비결입니다.

선행은 시간을 앞당기는 공부입니다. 앞서 나가는 만큼 더 정확히 길을 읽고 더 치밀하게 발을 내디뎌야 해요. 그렇지 않으면 빨리 달린 만큼 길을 잃을 위험도 함께 커지거든요.

배움 자체가 싫어지는 순간_감정적 함정

"엄마, 이 영화 너무 재미없어요. 나가면 안 돼요?"

손을 꼭 잡고 들어간 영화관에서 아이는 첫 장면이 지나기도 전에 지루함을 호소했습니다. 내용이 어려웠고, 속도는 느렸으며, 화면은 유독 어둡게만 느껴졌나 봅니다. 저는 마음 한편이 아쉬웠습니다. 사실 그 영화는 평론가들이 극찬한 작품이었거든요. "조금만 참으면 좋은 장면이 나올 텐데." 하고 어르고 달랬지만 아이에게는 이미 첫인상이 모든 것을 결정짓고 말았습니다.

배움도 이와 다르지 않습니다. 어떤 과목을 처음 만났을 때 그 시간이 낯설고 지루하며 벅차게 느껴진다면 아이는 그 과목을 다시 보고 싶지 않은 영화처럼 여기게 됩니다. 다시 도전하려는 마음이 꺾이고 애초에 흥미조차 잃어버리게 되지요.

선행 학습이 위험한 이유는 여기에 있습니다. 아직 준비가 덜 된 상태에서 깊은 이해 없이 대충 훑어보거나 기초 개념이 탄탄하지 않은 채 억지로 들여다보게 되는 경험은 아이 마음에 차곡차곡 '부정적 인상'을 남깁니다.

"수학? 나 그거 너무 어려워."

"과학? 나랑 안 맞아."

이렇게 자라난 인상은 시간이 지나도 좀처럼 사라지지 않습니다. 어린 시절의 감정적 기억은 마치 나이테처럼 마음 깊숙한 곳에 새겨져 오랜 시간 그 아이와 함께 자라나거든요. 최근 뇌과학 연구에서도 부정적인 첫 경험은 신경 회로에 유독 강하게 각인되어 이후 비슷한 상황에서 회피하거나 두려워하는 경향을 더욱 견고하게 만든다고 합니다. 어떤 아이는 수학을 '함수 괴물', '방정식 귀신'으로 떠올립니다. 그 안에 얼마나 많은 좌절과 두려움이 압축되어 있을까요. 선행 학습이 가져올 수 있는 가장 깊은 상처는 '몰라서 두려운 것'이 아니라, '한 번 해 봤는데 싫었던 기억'을 만드는 데 있습니다.

부모인 우리는 종종 마음이 앞서 아이에게 서둘러 '좋은 것'들을 보여 주려 합니다. "지금은 조금 힘들어도 나중에 분명 도움이 될 거야."라고 다독이면서 말이에요. 하지만 그 과정에서 아이가 어떤 마음으로 그 시간을 견뎌 내고 있는지는 미처 살피지 못할 때가 많습니다. 이것이 바로 선행 학습이 때로는 배움 자체를 멀리하게 만드는 가슴 아픈 이유입니다. 너무 빨리, 너무 많이 보여 주려다가 정작 가장 중요한 '배우고 싶은 마음'을 잃어버리게 만드는 것이죠.

우리 아이만의 속도로
건강한 선행 학습 하는 법

앞에서 선행 학습에 깊은 함정에 빠질 수도 있다고 설명드렸는데요. 안 하면 불안하고, 하면 부작용이 걱정됩니다. 중요한 건 아이의 속도에 맞게 해낼 수 있는 수준을 고려하는 것입니다. 그럼 지금부터 우리 아이가 선행 학습의 함정에 빠지지 않으면서도 건강하게 한발 앞서 나갈 수 있는 구체적인 방법들을 함께 살펴보겠습니다.

70퍼센트 이해의 원칙

인지 부하 이론에 따르면, 새로운 정보를 처리할 때 인지적 부하가 너무 크면 학습 효과가 급격히 떨어진다고 합니다. 교육심리학자 존 스웰러 John Sweller의 연구에서는 학습자가 약 70퍼센트 정도 이해할 수 있는 수준에서 가장 효과적인 학습이 일어난다고 보고했어요. 만약 선행 학습을 했는데도 수업 내용의 70퍼센트도 이해하지 못한다면 그건 아이 두뇌에 과부하를 주고 있다는 신호입니다. 학습의 이해 정도를 확인하는 가장 좋은 방법은 아는 것을 말하게 하는 것입니다. 일명 '선생님 놀이'이지요. 선생님 놀이는 자연스럽게 아는 것을 설명하게 하는 좋은 방법입니다. "오늘 배운 걸 엄마한테 설명해 볼래?"라고 요청해 보는 거죠. 아이가 막힘없이 설명할 수 있다면 적정 수준이고, 자꾸 "음......" 하며 멈춘다면 난이도 조절이 필요하다는 뜻입니다.

많은 전문가들이 공통으로 권하는 선행 진도는 한 학기 정도, 많으면 1년 정도까지입니다. 아이의 이해 속도가 빠르면 1년 선행까지도 가능하지만, 그렇지 않다면 한 학기 선행도 충분합니다. 그 이상 앞서가면 아이의 인지 발달 단계와 맞지 않아서 금방 흥미를 잃거나 자신감을 잃는 지름길이 될 수 있어요.

선행 진도 : 직전 내용 복습 = 7 : 3

새로운 내용 70퍼센트, 직전에 배운 내용 복습 30퍼센트로 시간을 배분해 보세요. 많은 부모님들이 계속 새로운 개념을 가르치는 데 많은 노력을 기울이는데, 실제로는 복습을 통해 완전히 내 것으로 만드는 과정이 더 중요합니다. 예를 들어, 월요일부터 목요일까지는 새로운 내용을 하루 30분 정도 학습하고, 금요일부터 일요일까지는 이번 주 배운 내용을 20분 정도 총정리하는 거죠.

진도를 나가는 중간중간에 지난주 내용을 복습하면서 약한 부분을 보강하는 시간을 갖는다면 앞에서 언급했던 인지적 함정인 '다 안다는 착각'을 피할 수 있을 거예요. 실제로 서울대 학생들을 대상으로 한 연구에서도 84퍼센트가 복습을 철저히 했다고 답했습니다. 공부 잘하는 아이들 중에 무작정 진도만 뺀 학생들은 의외로 적었습니다. 속도가 빠른 아이일수록 '복습 생략'의 유혹이 커질 수 있으니 유의하세요.

질문 노트 채우기

아이의 예쁜 공책에 '질문 노트'라는 이름을 붙여 주세요. 선행학습을 하다가 모르는 것, 궁금한 것을 모두 여기에 적게 하는 겁니다. 이것도 번거롭다면 휴대폰 메모장에라도 적게 하세요. "엄마, 이 문제는 왜 이렇게 풀어요?"라고 물어볼 때 바로 답해 주지 말고 노트에 기록하게 해 보세요. 그리고 수업 시간에 선생님께 질문하거나 친구들과 토론해서 해결하도록 도와주는 거예요. 많은 아이들이 그 순간 궁금했다가 돌아서면 까먹거나 질문해야 하는 타이밍을 놓치거든요. 특히 빠른 아이일수록 질문을 대충 넘기기 쉽고, 느린 아이일수록 질문을 삼킵니다. 질문이 해결되면 노트에 답도 함께 적게 하고요. 이렇게 하면 선행 학습이 단순 암기가 아니라 '진짜 이해'로 이어집니다.

'정리-비교-복습' 루틴 만들기

질문 노트와 함께 '백지 노트'도 준비해 주세요. 각 단원이 끝나면 A4 용지 1장에 핵심 내용을 백지 노트에 요약하게 해 보세요. 실제 수업을 들은 후에는 "내가 이해한 것과 뭐가 달랐지?"를 체크하고, 틀렸거나 놓친 부분을 다시 정리하는 시간을 갖는 거죠. 이 루틴이 습관이 되면 아이 스스로 자신의 이해도를 점검하는 능력이 생깁니다.

언제 그만둬야 할까?
아이가 보내는 위험 신호들

아이의 몸과 마음이 먼저 신호를 보냅니다. 두통을 자주 호소하거나, 밤에 잠을 잘 자지 못하고, 평소보다 식욕이 떨어져서 밥을 잘 안 먹는다면 주의 깊게 관찰해 보세요. 이런 증상이 2주 이상 지속

된다면 아이의 몸이 스트레스를 견디지 못하고 있다는 뜻입니다. 실제로 서울 강남 3구에서는 9세 이하 아동의 우울증과 불안 장애 진단이 4년 새 3배 이상 증가했습니다. '4세 고시', '7세 고시'라고 불리는 조기 교육 과열 지역에서 나타난 충격적인 결과예요.

"공부 싫어!", "학원 가기 싫어!"라는 말을 하루도 여러 번 하는 것도 유심히 살펴봐야 하는 증상입니다. 예전에는 30분도 집중할 수 있었는데 이제는 10분도 못 앉아 있거나, 놀이 시간에도 불안해하며 멍하니 있는 모습을 보인다면 아이의 정서적 안정감이 흔들리고 있다는 신호입니다.

부모 자신도 돌아봐야 할 때

아이만큼이나 부모의 상태도 중요합니다. 선행 학습 때문에 매일같이 아이에게 짜증을 내고 있다면 이미 교육이 아니라 갈등의 원인이 되는 거예요. 가족이 모여 앉아도 대화 주제가 온통 공부 얘기뿐이고, 아이의 다른 모습들은 보이지 않는다면 가정의 균형이 깨지고 있다는 뜻입니다. 경제적 부담도 무시할 수 없습니다. 선행 학습 비용 때문에 다른 가족 활동을 포기하거나 가계에 부담이 된다면 그 스트레스는 결국 아이에게도 전해집니다. 부모가 경제적으로 여유롭지 못하면 아이도 그 긴장감을 느끼게 되거든요.

현실적 기대치 설정하기

새로운 공부를 시작하는 3개월 동안은 무엇보다 아이의 반응을 세심하게 지켜보는 것이 중요합니다. 아이가 새로운 내용에 흥미를 보이는지, 아니면 부담스러워하는지 호불호를 파악하는 시간으로 생각하세요. 이 시기에는 성과보다는 아이의 정서적 변화에 집중하는 것이 더 현명합니다. 3개월이 지났는데도 아이가 여전히 내용을 어려워하고 따라가지 못한다면 이는 아이의 인지 발달 수준과 맞지 않는다는 신호입니다. 이때는 아이를 탓하지 말고 과감히 중단하는 것이 현명합니다. 억지로 밀어붙인다고 해서 갑자기 이해력이 늘어나지는 않거든요. 6개월이라는 시간은 어떤 교육 효과든 나타날 수 있는 충분한 기간이에요. 성적에 변화가 있는지, 아이가 수업 시간에 자신감을 보이는지, 학습에 대한 태도가 긍정적으로 바뀌었는지 종합적으로 평가해 보세요. 단순히 진도만 나간 것이 아니라 아이에게 실질적인 도움이 되고 있는지 냉정하게 판단해야 합니다. 그런데도 성적에 별다른 변화가 없거나 아이의 자신감이 늘어나지 않는다면 "이미 시작했으니까 끝까지 해야지!"라는 매몰 비용의 오류●에 빠지지 마세요. 효과 없는 일을 계속하는 것보다 다른 방향으로 전환하는 용기가 더 필요할 때가 있어요.

- 이미 회수할 수 없는 과거의 비용(시간, 돈, 노력 등)을 고려하여 미래의 의사 결정을 비합리적으로 내리는 심리적 오류

선행 학습을 시작하기 전에 물어야 할 것

혹시 우리 아이가 다음 여섯 가지 질문에 모두 준비되어 있지 않았다면 선행 학습은 조금 더 기다려도 좋습니다. 공부는 앞서가는 속도가 아니라 밟아야 할 계단을 하나하나 튼튼히 다지는 여정이기 때문이에요.

자발적 동기가 있는가?

실제로 교실에서 만난 아이들을 떠올려 보면 진정한 학습 욕구가 있는 아이와 그렇지 않은 아이의 차이가 확연합니다. 수학을 좋아했던 저희 반의 한 아이는 학원을 가지 않고 집에서 부모님과 EBS의 도움으로 스스로 진도를 나가고 있었어요. 수학을 좋아하기도 하지만 결국 해내야 하는 공부라는 사실을 아이 스스로 절감하고 있더라고요. 그러다 보니 스스로 문제집을 펼쳐 보고 어려운 문제를 만나면 며칠씩 붙들고 늘어졌습니다. 반면 많은 아이들은 "엄마가 시켜서 하는 거죠."라고 머리를 거치지도 않고 입으로 말하곤 합니다. "그다음 것도 공부하고 싶어요."라는 아름다운 말까지는 아니더라도 "하기 싫어도 해야죠."라고 필요성을 인식하고 있어야 합니다. 정말로 아이 마음에서 우러나오는지, 아니면 부모가 듣고 싶어 하는 말을 학습한 것인지 구분해 보세요. 진짜 호기심은 억지로 만들어 낼 수 없거든요.

배운 개념을 스스로 설명할 수 있는가?

문제를 '맞힌다.'라는 것과 '이해한다.'라는 것은 전혀 다른 이야기입니다. 겉보기엔 정답을 잘 써 내려가는 아이도 막상 "왜 그렇게 풀었니?"라고 물으면 멈칫할 때가 있어요. 이럴 땐 부모의 마음도 헷갈립니다. 이걸 안다고 봐야 할까요, 모른다고 봐야 할까요?

공부는 정답을 맞히는 데서 끝나지 않습니다. 오히려 '왜 그렇게 되는지' 스스로 설명하고 다른 사람에게도 가르쳐 줄 수 있을 만큼 깊이 이해했는지가 중요합니다. 혹시 아이가 "몰라요, 그냥 그렇게 하면 된대요."라고 말한다면 개념이 아직 자기 안에 충분히 정리되지 않은 상태일 수 있어요. 그럴 때는 한 박자 쉬어 가도 괜찮습니다. "어떻게 풀었는지 엄마한테도 가르쳐 줄래?" 하고 부드럽게 되물어 보세요. 설명하는 과정에서 아이의 이해 정도가 자연스럽게 드러나고 부족한 부분도 함께 찾아낼 수 있습니다. 오답을 대할 때도 마찬가지입니다. 그저 답을 고치는 데서 멈추지 말고, '어디서부터 잘못된 걸까?'를 함께 추적해 보는 거예요. 추적하기 위해서는 풀이 과정을 잘 설명할 줄 알아야겠죠?

학교 수업에 흥미를 잃지 않는가?

선행 학습을 한 아이들 중에는 종종 "이건 나 이미 아는 거예요."라고 말하며 수업 시간에 시큰둥해지는 경우가 있습니다. 졸린 눈으로 봤던 영화를 다시 보는 것처럼 이미 아는 내용은 지루하고 집중이 흐트러지기 마련입니다. 그런데 어떤 아이들은 똑같이 선행을 했어도 다르게 반응합니다. 이미 알고 있는 내용을 확인하며 스스로 "아, 이렇게도 설명할 수 있구나", "이 부분은 몰랐네" 하고 새롭게 받아들이는 거예요. 그 차이는 '배운 것을 다시 보는 태도'에서 나옵니다. 부모가 도와야 할 부분도 바로 여기입니다. 학교 수업은 복습이 아니라 배운 내용을 더 깊이 이해하고 체화할 수 있는 두 번째 기회라는 걸 알려 주세요. 이미 배운 내용이라도 수업 안에서 10가지 중 새로운 것을 한두 가지 찾고 그걸 집중해서 듣는 연습을 하면 수업 시간은 단지 지나가는 시간이 아니라 배움의 밀도를 높이는 소중한 순간이 됩니다.

학습량을 감당할 수 있는가?

선행은 지금 배우는 것 위에 또 하나의 공부가 얹어지는 일입니다. 학교 공부, 숙제, 복습은 기본이고, 선행은 그 위에 새로운 예습과 복습까지 따라붙습니다. 그래서 가장 먼저 살펴야 할 것은 우리 아이가 감당할 수 있는 학습량이 얼마인가입니다. 무작정 "다들 이 정도는 하니까!"라는 기준으로 양을 정하는 것이 아니라 우리 아이의 현재 상태와 가능성에 맞춰야 합니다. 공부는 아이의 하루를 다 차지해야 하는 것이 아니라 하루 안에 자연스럽게 스며들 수 있어야 하니까요.

현행 학습의 성취도가 100퍼센트에 가까운가?

배우는 내용을 단순히 암기하거나 반복하는 수준이 아니라 응용, 변형 문제까지 자유자재로 다룰 수 있어야 비로소 다음 진도를 고민할 수 있습니다. 특히 틀에 박힌 문제뿐만 아니라 낯선 유형에서도 자신만의 사고 흐름으로 답을 찾아갈 수 있는지 살펴야 합니다. 기초가 허술한 상태에서 성급하게 다음으로 넘어가면 겉은 번지르르해 보여도 속은 텅 빈 집이 되어 버립니다. 지금 배우고 있는 내용을 '완성'시키는 것이 무엇보다 먼저입니다. 이를 확인하는 가장 좋은 방법은 아이가 익숙하지 않은 문제 앞에서 어떻게 반응하는지 살펴보는 것입니다. 숫자만 바꾼 문제는 척척 풀지만 문장만 조금만 바뀌어도 멈칫하거나 질문의 맥락을 잘 이해하지 못한다면 아직 개념이 자기 것이 되지 않은 상태일 수 있습니다. 단지 외운 공식을 적용하는 수준이 아니라 왜 그런 방식으로 푸는지, 다른 조건에서는 어떻게 해야 할지 스스로 설명할 수 있어야 진짜 이해가 된 것입니다.

독서·운동·글쓰기·휴식 시간을 확보한 뒤에도 여유가 있는가?

아무리 중요한 공부라 해도 그것이 하루의 모든 시간을 차지하게 되면 아이는 서서히 소진되기 시작합니다. 하루 중 아이가 책을 읽는 시간은 있는지, 몸을 움직이며 땀을 흘리는 시간은 충분한지, 자신만의 언어로 생각을 정리해 보는 글쓰기 시간이 있는지 아무것도 하지 않고 가만히 멍 때리는 시간이 있는지 말이죠. 그저 텅 빈 여백 속에 자신을 놓아 두는 다운타임이 있는지 점검해 보세요. 독서·운동·글쓰기·휴식은 공부와 경쟁하지 않습니다. 오히려 공부를 더 잘하게 만드는 바탕이 됩니다. 이 모든 균형을 유지한 뒤에도 시간이 남을 때 비로소 선행은 고려할 수 있습니다.

위의 여섯 가지 질문 중 단 하나라도 불안정하다면 현행과 심화를 더 해야 하고, 충분히 안정되어 있다면 그때 비로소 선행이나 다음 진도를 고려할 수 있습니다. 공부의 속도는 부모의 불안이 아니라 아이의 성취 수준이 결정해야 한다는 것을 늘 가슴에 새겨야 합니다. 이 단순하지만 중요한 원칙을 부모는 늘 생각해야 아이의 공부는 '빨리'보다 '단단히'를 목표로 해야 하니까요.

공부 주도성은
'믿는 부모'에게서 생긴다

"실컷 공부했는데도 왜 이 모양이지? 그냥 다 짜증 나."

문제지 위에 선명하게 그어진 붉은 줄이 마치 아이의 속상함을 긁어내는 듯했습니다. 옆에서 지켜보던 엄마는 답답해집니다. 분명 어제 학원에서 배운 내용인데 왜 이렇게 막막해할까요? 수업도 충실히 해 왔고, 숙제도 빠짐없이 해 온 아이인데 말이에요.

"어제 배웠잖아. 다시 생각해 봐."

친구들보다 더 오래, 더 많이 공부하는데 이상하게도 성적은 제자리걸음이었습니다. 불안한 마음에 학원을 더 늘려 보고, 강도도 높여 보지만 결과는 기대와 다릅니다. '노력만 하면 될 줄 알았는데.'라는 허탈감, '혹시 우리 아이가 공부엔 소질이 없는 건 아닐까?' 하는 절망감이 몰려옵니다.

이런 순간에 우리는 종종 문제 해결에만 집중하게 됩니다. 틀린 문제를 다시 설명해 주고, 부족한 부분을 채워 주려 하죠. 하지만 정작 아이에게 필요한 건 다른 것일 수 있어요. 바로 '내가 이걸 해낼 수 있는 사람'이라는 믿음을 회복하는 것이거든요. 아이들의 학습 동기는 '자기 효능감'에 크게 좌우됩니다. 자기 효능감이란 '내가 이 일을 성공적으로 해낼 수 있다.'라는 믿음이에요. 이 믿음이 약해지면 아무리 좋은 학습법을 써도 효과가 반감됩니다. 그런데 이 자기 효능감은 혼자서는 잘 생기지 않아요. 특히 어린 아이들은 부모나 교사 같은 중요한 사람들이 자신을 믿어 주는 경험을 통해 스스로 믿게 됩니다. 피그말리온 효과라고 불리기도 하는데요. 단순한 격려가 아니라 진심으로 믿고 있다는 메시지가 전달될 때 나타나는 것이죠.

1단계
충분히 그럴 수 있어!_ 감정 반영과 타당화

아이가 "모르겠어. 짜증나!"라고 할 때 바로 문제 해결에 들어가지 마세요. 먼저 아이의 감정을 인정 해주세요.

문제 중심 반응: "어제 배웠잖아. 다시 생각해 봐."
감정 중심 반응: "그렇게 열심히 했는데도 안 풀리니까 속상하구나."

속상하고 위축된 상태에서는 아무리 설명해 줘도 머리에 들어오지 않습니다. 이럴 때 필요한건 문제 해결보다 '감정 반영과 타당화'입니다. 감정 반영은 아이의 말을 그대로 담아 주는 거울이 되어 주는 것이지요. 이 반영을 들은 아이는 '엄마는 내 마음을 듣고 있어.'라는 메시지를 받게 됩니다. 타당화는 감정이 격해진 순간 아이에게 필요한 건 '그럴 만한 감정이었다.'라는 존재의 허락입니다.

아이 : "생각해 봐도 모르겠어."
부모 : "그럴 수 있어. 가끔은 생각이 막힐 때도 있지."(타당화)
아이 : "다른 애들은 잘만 하던데……."
부모 : "다른 친구들과 비교하니까 더 속상하구나."(감정 반영)

2단계
넌 분명 해낼 아이야_ 예측된 신뢰

타당화로 감정이 조금 가라앉았다면 이제는 "너는 이걸 넘을 수 있는 아이야!"라는 미래 지향적 신뢰를 전할 차례입니다. 이를 '희망의 전달 Conveying Hope'이라고 합니다. 단 막연한 희망 전달은 오히려 부담이 될 수 있으니 주의해야 합니다. 아이가 "엄마는 그렇게 말하지만 난 정말 못하는데……."라고 생각할 수 있거든요.

과거 경험과 연결하기

"지난번에 영어 단어 외우기 힘들다고 했을 때도 결국 다 외웠잖아?"

"수학 구구단도 처음엔 어렵다고 했는데 지금은 얼마나 잘해?"

구체적인 강점 언급하기

"너는 한번 이해하면 절대 안 까먹는 스타일이잖아!"

"어려운 걸 끝까지 포기 안 하는 게 네 장점이야!"

현실적인 기대 제시하기

"지금 당장은 어려울 수 있어. 하지만 차근차근 하면 분명 해낼 거야."

"완벽하게 다 알 필요는 없어. 조금씩이라도 나아지면 되는 거야."

이런 말들이 쌓이면 아이는 자기 안에 있는 힘을 떠올리게 됩니다. 단순한 위로와는 다릅니다. 아이의 과거 경험과 연결된 '예측 가능한 성공'을 상기시키는 것이죠. 아이는 부모가 나를 미래의 가능성으로 보고 있는지에서 큰 위로를 받습니다.

3단계
말 없이도 느껴지는 믿음_ 비언어적 지지

어떤 감정은 말로 닿지 않습니다. 아이가 문제를 바라보다 말없이 고개를 숙이는 순간 조용히 옆에 앉아 있어 주세요. 말 한마디 없이도 부모의 존재는 큰 위로가 됩니다. 이를 '비언어적 지지'라고 부릅니다. "왜 그래, 또 울어?" 이런 말이 입술 끝에서 맴돌 때도 있습니다. 하지만 그 순간 가장 강력한 언어는 '침묵'입니다. 아이가 울음을 꾹 참는 그 순간 옆에 조용히 앉아 있는 것, 살며시 등을 토닥여 주는 것 자체가 아이에게 "넌 이 감정을 견뎌 낼 수 있어, 나는 네 곁에 있어."라는 메시지가 됩니다.

아이가 고민하고 있을 때 옆에 조용히 앉아 있기
"힘들면 잠시 쉬어도 돼!"라고 허락해 주기
아이가 "그럼 다시 해 볼게!"라고 말할 때까지 재촉하지 않기

부모님들 중엔 이런 걱정을 하실 수 있습니다.
"그럼 공부는 언제 시켜요?"
"이렇게 달래기만 하면 애가 더 안 하려 하지 않을까요?"
"시험이 코앞인데 이렇게 해도 되나요?"
이런 걱정, 저도 똑같이 했습니다. 하지만 경험해 보니 공부는 감

정이 안정된 아이가 먼저 시작하더라고요. 공부하라는 말보다 "엄마는 네가 다시 할 수 있는 아이라는 것을 알아."라는 말이 아이의 손을 다시 연필로 향하게 하거든요.

물론 무작정 기다리기만 할 수는 없죠. 이럴 때는 다음과 같이 해 보세요.

"30분 후에 다시 해 볼까?"(구체적인 시간 제시)
"이 문제만 먼저 해 보고 나머지는 내일 하자!"(목표 조정)
"완벽하게 못해도 괜찮으니까 일단 시작해 보자!"(부담 줄이기)

믿는다는 마음은 표현하지 않으면 전달되지 않습니다. 하지만 매번 거창하게 말할 필요는 없습니다. 일상 속 작은 표현들이 더 효과적이거든요.

잘했을 때: "네가 해낸 거야. 엄마는 네가 할 수 있는 아이라는 걸 알고 있었어."
못했을 때: "네가 노력한 건 알아. 이번엔 아쉽지만 다음엔 더 잘할 수 있을 거야."

중요한 건 일관성입니다. 좋을 때만 믿어 주고 성적이 나쁘면 다시 다그치면 아이는 혼란스럽습니다. 부모의 믿음이 조건부가 아니라 무조건적이라는 걸 아이가 느낄 수 있어야 해요.

"넌 커서 뭐가 되어도 될 아이야."

제 입에 달린 말입니다. 잘하든, 부족하든 매일 같이 주문처럼 말합니다. 잘하면 잘했다고 뭐가 되어도 될 아이라 여겨 주고, 숙제가 많다고 투덜댈 때도 끝까지 해낼 아이라고 믿어 줍니다. 공부든, 딴짓이든 뭐라도 몰입하고 있으면 어떤 일이든 맡길 만한 아이라고 말합니다. 그런 말은 참 마법 같더라고요. 제 아이도 자신이 뭐가 되어도 될 아이라고 믿는 것은 물론이고 저 또한 그렇게 될 아이라 믿어지더라고요. 낯간지럽더라도 우선 표현하세요. 아이를 믿고 있다는 마음은 표현하지 않으면 드러나지 않습니다.

아이가 스스로 공부를
설계하는 힘, 메타인지

아이는 누군가의 믿음을 경험할 때 비로소 자기 자신을 믿기 시작합니다. 그렇게 감정이 안정되고 신뢰가 쌓이면 어느 순간부터 공부하기 싫어도 '해야 할 일'이 아닌 '해 볼 만한 일'로 받아들이게 됩니다. 그 변화의 핵심에는 보이지 않지만 결정적인 힘이 자리하고 있어요. 바로 '메타인지'입니다.

메타인지는 "나 지금 제대로 알고 있나?"를 스스로 점검하는 능력입니다. "아, 이거 그냥 외운 건데 이해는 안 된 것 같아.", "문제를 풀긴 했는데, 왜 그렇게 푼 건지 설명은 못 하겠어.", "이건 쉬워 보여도 꼬아서 나오면 못 풀지도 몰라."와 같은 말을 한다면 그 아이는 지금 메타인지를 발휘하고 있는 거예요.

메타인지는 단순히 문제를 푸는 아이에서 공부를 점검하고, 조절하고, 설계하는 아이로 바꿔 줍니다. 인지심리학자 배리 짐머만 Barry

Zimmerman은 자기 주도 학습의 핵심으로 '목표 설정'과 '학습 계획 수립'을 강조했습니다. 무엇을 위해 공부하는지 명확히 하고, 주어진 시간을 어떻게 쓸지 고민하는 것. 이 기본적인 두 가지가 아이의 학습을 완전히 다른 차원으로 이끌어 준다는 거죠. 아이가 목표와 계획을 스스로 세우려면 먼저 "지금 나 어디쯤 와 있지?"를 볼 수 있는 눈이 필요합니다. 이 눈이 바로 메타인지입니다.

"근데 우리 아이는 그런 말 안 해요. 그냥 '몰라요.'만 해요." 너무 당연한 반응입니다. 많은 아이들이 처음엔 자신의 상태를 말로 표현하는 게 익숙하지 않거든요. 하지만 '틀려도 혼나지 않고, 생각을 말해도 되는 분위기'가 쌓이면 아이도 점점 스스로 점검하는 말을 하게 됩니다. 메타인지는 설명을 듣는다고 생기는 게 아니라 '스스로 점검해 볼 기회'가 많아질 때 자라거든요.

메타인지를 키우는 네 가지 질문 유형

최근 기말고사를 준비하던 첫째 아이가 어려운 국어 문제를 맞혔길래 어떻게 답을 찾았는지 물어봤어요.

"그냥요. 느낌대로 골랐어요."

벌써 답답하죠? 저는 아이가 어려운 문제를 맞혔다는 기특함보다 왜 그 답을 골랐는지 설명하지 못한다는 사실이 더 신경 쓰였습니다. 모르는 게 확실하다고 여겨졌으니까요. 솔직히 '차라리 틀리는 편이 나았겠다.'라는 생각이 들었습니다. 답은 맞혀 버렸으니 무엇이 부족했는지 점검할 기회를 잃어버린 셈이니까요. 아이는 분명 자기 실력껏 맞힌 문제로 여기는 듯했습니다. 그래서 그날부터 문제를 풀고 나면 무조건 이렇게 물어봤습니다. "어떻게 풀었는지 엄마한테 말해 볼래?" 대부분 답은 "몰라요."였어요(대한민국 학생이 가장 많이 쓰는 대답 중의 하나인 '몰라요.'는 제 아이 입에서도 자주 나옵니다). 하지만 실망하지 않았습니다. 너무 궁금하다는 듯이 자주 묻다 보니 어느 날 이렇게 대답하더군요. "이번 문제는 느낌 말고 문장을 두 번 읽었어요. 그래도 모르겠어서 그냥 고른 거예요." 드디어 아이가 자기 사고 과정을 보기 시작한 거예요. 그 이후로는 맞힌 문제에도 이렇게 말하게 되었어요. "이건 앞 문단에서 반복되는 핵심 키워드를 보고 주제를 유추했죠." 엄마의 인내심을 한 스푼 넣은 질문 하나에 공부에 대한 아이의 태도가 달라졌습니다. 공부가 '외부 지시'가 아니라 '내부 점검'으로 바뀌는 작은 시작이었습니다.

    메타인지를 키워 주는 가장 효과적인 방법 중 하나는 좋은 질문을 던지는 것입니다. 아이가 자기 생각을 되돌아보고, 학습 과정을 점검하며, 문제 해결 전략을 스스로 조절할 수 있도록 돕는 질문이 핵심이에요. 다음은 메타인지를 키울 수 있는 질문의 예시입니다. 상황에 맞게 응용해서 사용해 보세요.

학습 전에는 계획과 준비를 묻는 질문을 하세요

아이가 학습 전에 자기 전략을 계획하고 주도권을 잡게 됩니다.

"오늘 공부할 내용 중에서 어려울 것 같은 건 뭐야?"
"이걸 어떻게 공부하면 잘 이해할 수 있을까?"
"무엇부터 시작하는 게 좋을까?"
"오늘 목표는 뭐로 정할까?"

학습 중에는 이해와 점검을 유도하는 질문을 하세요

아이가 현재 자신의 사고 과정을 자각하고 스스로 점검하게 돕는 질문입니다.

"지금 이 문제를 풀 때 어떤 방법을 썼니?"
"그렇게 생각한 이유는 뭐야?"
"혹시 다시 설명해 줄 수 있어?"
"중간에 헷갈렸던 부분은 있었어?"

학습 후에는 반성적 사고를 유도하는 질문을 하세요

학습을 되돌아보며 전략을 조정할 수 있는 사고를 키워 줍니다.

"오늘 공부한 것 중에 가장 잘 이해된 건 뭐였어?"

"무엇이 어렵게 느껴졌고, 왜 그랬을까?"

"다음엔 어떤 방식으로 공부하면 더 잘될 것 같아?"

"다시 공부한다면 뭘 바꾸고 싶어?"

학습 후에는 감정과 동기 조절을 위한 질문을 하세요

메타인지에는 자기 감정 조절도 포함됩니다.

"지금 이 공부가 너한테 어떤 의미가 있는 것 같아?"

"공부하면서 기분이 어땠어?"

"하기 싫을 때는 어떻게 하면 다시 집중할 수 있을까?"

기타

"왜 이것도 못 풀었어?" → "어떤 부분에서 막혔다고 느꼈어?"

"이건 외우면 되잖아?" → "이걸 어떻게 기억하는 게 가장 좋을까?"

"공부했으면 맞혀야지!" → "문제 풀기 전에 어떤 점을 확인했어?"

"몰라요."라고 말하는 아이와는 어떻게 대화해야 할까요?

많은 부모님들이 가장 답답해하는 순간일 거예요. "이건 왜 이렇게 풀었어?" 하고 물었는데 아이는 한 치의 망설임도 없이 "몰라요." 라고 말할 때 말이죠. 먼저 아이에게 '실수할 자유'를 선물해 주세요. 틀려도 괜찮고, 생각이 떠오르지 않아도 괜찮다는 분위기를 만들어 주는 거예요.

"그래, 생각 안 날 수도 있지. 우리 같이 다시 떠올려 보자."

이렇게 말해 주는 것만으로도 아이의 마음은 한결 가벼워집니다. 아이들은 생각보다 눈치가 빨라서 부모가 답답해하는 기색을 금세 알아채거든요. 그럴 때일수록 여유로운 미소 하나가 아이에겐 큰 힘이 되어 줘요.

'아이 대신 말해 주기' 전략을 써 보세요

또 하나의 효과적인 방법은 '아이 대신 말해 주기' 전략입니다.

"이 부분에서 연필로 동그라미 친 걸 보니까 중요한 문장을 찾으려고 했던 것 같아. 혹시 그런 거였어?"

이처럼 부모가 아이의 행동을 세심하게 관찰하고 조심스럽게 추측해 주면, 아이도 자기 생각을 다시 꺼내 볼 기회를 얻게 됩니다.

"맞아요. 그런데……." 하면서 자연스럽게 자신의 어려움을 주체적으로 표현하기 시작하죠. 아이 스스로 답을 찾아가도록 돕는 징검다리 역할을 하는 셈입니다.

'아이를 선생님으로 만들기' 전략을 써 보세요

무엇보다 중요한 건 답을 잘 말하는 아이로 키우는 것이 아니라 자기 생각을 붙잡아 보는 경험을 하게 하는 것입니다. 여기에 아주 강력한 방법이 하나 있습니다. 바로 '아이를 선생님으로 만들기'입니다.

"엄마가 잘 몰라서 그런데, 네가 선생님처럼 한번 설명해 줄래?"

이렇게 아이에게 가르치는 역할을 맡기면 자신의 이해를 점검하고 정리하는 과정을 자연스럽게 겪게 됩니다. 메타인지는 바로 이럴 때 빠르게 자라납니다.

공부를 잘하는 아이는 '많이 아는 아이'가 아니라 '내가 지금 뭘 모르고 있는지 아는 아이'입니다. 메타인지는 그 질문을 가능하게 해 주는 아이 안의 작은 선생님이에요. 그 선생님을 자라게 해 주는 사람은 바로 옆에서 질문을 던지고 기다려 주는 부모입니다. 때로는 아이의 속도에 맞춰 천천히, 때로는 아이의 마음을 헤아리며 따뜻하게 함께 걸어가다 보면 어느새 우리 아이도 자신만의 속도로 성장해 있을 거예요.

내 아이 진로
프로필 만들기

메타인지가 발달한 아이들은 점점 자신을 객관적으로 바라보게 됩니다. '나는 어떤 걸 할 때 집중이 잘 될까?', '어떤 활동에서 성취감을 느낄까?' 이런 질문들이 자연스럽게 떠오르죠. 이것이 바로 진로 탐색의 첫걸음입니다. 아이가 스스로 관찰하는 힘이 생기면 부모는 그 발견들을 차근차근 정리해 주는 역할을 하면 됩니다. 아이는 커서 어떤 사람이 되고 싶어 하는지, 사회에서 어떤 일을 하며, 어떤 기여를 하고 싶어 하는지 흐릿하지만 따뜻한 미래 그림을 함께 그려 보는 거예요. 그 그림이 있을 때 아이는 비로소 공부의 진짜 이유를 발견하게 됩니다.

진로? 그게 뭔데요, 선생님?

초등 1학년 담임을 할 때였습니다. 매일 수업을 칠판에 미리 안내해 주는데, 그날은 3교시에 '진로'라고 적힌 카드를 붙여 두었죠. "선생님, 진로가 뭐예요? 오늘 무슨 공부해요? 노는 거예요?" 국어, 수학 같은 교과 사이에 조금은 특별해 보이는 이 수업에 아이들은 관심이 많았습니다.

"진로가 뭔지 아는 사람 있나요?"

수업을 여는 저의 첫 질문에 한 학생이 당당하게 손을 번쩍들더니 이렇게 대답하더라고요.

"소주 이름이요!"

아이들과 한바탕 깔깔 웃고 진짜 의미를 찾으러 수업을 시작했던 추억이 있습니다. 초등 1학년 아이들에게 생각보다 '진로'라는 개념은 생소하더라고요.

초등학교에서는 통합 교과와 창의적 체험 활동을 중심으로 진로교육이 이뤄집니다. 특히 고학년이 되면 '자기 이해'와 '직업 탐색'을 주제로 프로젝트 활동이나 역할극, 진로 인터뷰 같은 수업을 하기도 합니다. 그중 가장 인기 있는 활동은 '내 미래 인터뷰'였는데, 아이들은 20년 후의 자신을 상상해 '어른'이 되어 친구들 앞에서 인터뷰하는 활동이었습니다. "저는 유튜버예요. 100만 명 구독자를 모았고, 매일 광고비가 들어옵니다.", "저는 여행 작가예요. 세계를 다니면서 글을 써요. 책도 냈어요."

아이들은 대부분 진로를 '직업의 이름'으로만 알고 있었습니다. 하지만 진로는 단순히 '무슨 일을 할 것인가?'라는 문제를 넘어 '어떻게 살아갈 것인가?'에 대한 탐색입니다. 직업은 그 삶의 방식을 실현하는 수단 중 하나일 뿐이지요. 그런데 많은 아이들은 진로를 돈 많이 버는 일, 유명해지는 일쯤으로 좁게 이해합니다. '왜 그 일을 하고 싶은지', '그 일을 통해 어떤 삶을 살고 싶은지'는 잘 떠올리지 못하죠. 어쩌면 우리 어른들이 진로를 그렇게 가르치고 있기 때문일지도 모르겠다는 생각이 들었습니다.

진로에 대한 인식은 반드시 '직업 선택'이라는 목적지와 연결되어야 하는 것은 아니에요. 특히 초등 시기의 진로 교육은 '나중에 무엇이 되고 싶은가?'를 성급하게 정하는 것이 아니라, '나는 어떤 사람인가?', '어떤 삶을 살고 싶은가?'라는 근본적 질문을 탐색하는 시간입니다. 아이 마음속에는 이미 수많은 단서들이 숨어 있어요. 부모는 탐정처럼 이 단서들을 발견하고 연결해 주는 역할을 하면 됩니다. 지금부터 일상 속에서 자연스럽게 해 볼 수 있는 진로 활동들을 소개해 드릴게요.

일상 속 진로 대화하기

바쁜 하루를 보내다 보면 아이와 깊이 있는 대화를 나누기가 쉽지 않습니다. 하지만 특별한 시간을 따로 내지 않아도 함께 걸으면서, 저녁을 준비하면서, 잠자리에 들기 전 몇 분만 투자해도 충분해요.

"어떤 활동을 할 때 시간이 빨리 가는 것 같아?"
"친구들과 함께 있을 때 네가 자연스럽게 맡게 되는 역할이 있어?"
"책이나 영화에서 어떤 사람을 보면 '나도 저렇게 되고 싶다.'라는 생각이 들어?"
"새로운 것을 배울 때와 이미 아는 것을 반복할 때 중 어느 쪽이 더 즐거워?"

감정과 가치관을 탐색하는 질문들도 중요합니다.

"다른 사람을 도와줬을 때 기분이 어땠어?"
"무언가를 끝까지 해냈을 때 어떤 느낌이었어?"
"혼자 하는 일과 여러 명이 함께 하는 일 중 어느 쪽이 더 편해?"

이런 질문들은 아이가 자신의 성향과 관심사를 자연스럽게 발견할 수 있도록 도와주는 작은 열쇠들입니다. 거창한 진로 상담이 아니라 일상 대화 속에서 던지는 한두 마디가 아이에게는 자신을 돌아보는 소중한 계기가 됩니다.

드라마와 영화로 세상 엿보기

드라마와 영화를 세상을 들여다보는 창으로 활용해 보세요. 〈이상한 변호사 우영우〉를 함께 보며 법정에서 펼쳐지는 인간 드라마를 경험해 보게끔 하고요. 〈중증외상센터〉를 보며 생명을 구하는 의료진들의 숨 가쁜 하루를 간접 체험시켜 줍니다. 〈스타트업〉을 통해서 청년들이 꿈을 현실로 만들어 가는 치열한 과정을 함께 숨죽이며 지켜보게 하고요.

중요한 것은 시청 후에 이어지는 대화입니다. "우영우 변호사는 어떤 마음으로 의뢰인을 도울까?", "외과 의사들이 가장 힘들 때는 언제일까?", "창업가들은 실패를 어떻게 받아들일까?" 이런 질문들을 통해 아이는 직업의 표면이 아닌 그 안에 담긴 삶의 무게와 의미를 느끼게 됩니다. 단순히 "그 직업은 돈을 많이 벌어."가 아니라 "의사는 사람의 생명을 구하는 무거운 책임감을 갖고 있구나, 변호사는 정의를 위해 치열하게 고민하는구나, 창업가는 실패를 두려워하지 않는 용기가 필요하구나."라는 깊이 있는 이해로 이어지는 거예요.

비현실적 꿈을 현실로 연결하는 대화하기

"엄마, 나는 포켓몬 마스터가 될 거야!"라고 말하는 아이에게 "그건 현실적이지 않아."라고 말하는 대신 "포켓몬 마스터가 되려면 어떤 능력이 필요할까? 동물들을 잘 이해해야겠지? 그럼 동물학자나 수의사는 어떨까? 아니면 포켓몬 게임을 만드는 게임 개발자가 되는 것도 멋질 것 같은데?" 하고 조언해 줄 수 있습니다. 축구선수를 꿈꾸는 아이에게는 스포츠 마케팅, 트레이너, 스포츠 기자, 경기장 설계사 등 축구와 연결된 다양한 직업들을 소개해 주세요. 아이의 꿈은 하나의 문이 아니라 수많은 가능성으로 향하는 길입니다. 중요한 건 아이의 꿈을 무시하거나 현실성만 따지는 것이 아니라 그 꿈속에 담긴 진짜 관심사와 열정을 발견해서 현실적인 길로 연결해 주는 거예요.

가족 모임에서 직업 인터뷰하기

가족 모임이나 친구들과의 만남에서 아이가 자연스럽게 어른들과 대화할 수 있는 기회를 만들어 주세요. "삼촌은 이 일을 하면서 언제 가장 뿌듯해요?", "이모는 어떻게 이 일을 시작하게 되셨어요?" 같은 질문을 던질 수 있도록 미리 아이와 함께 준비해 보면 좋겠어요.

다만 급여나 개인적인 갈등 같은 지나치게 사적인 영역에 대해서는 선을 넘는 질문을 하지 않도록 미리 아이와 경계를 정해 두는 것이 좋겠죠. 어른들도 편안하게 대답할 수 있는 범위 내에서 자연스러운 대화가 이어질 수 있도록 분위기를 만들어 주시고요.

부모의 솔직한 직업 이야기 나누기

부모 자신의 진로 여정을 솔직하게 나눠 주세요. 첫 직장에서의 설렘과 좌절, 진로를 바꾸며 느꼈던 두려움과 용기, 지금의 일에서 찾는 보람과 어려움까지 진실한 이야기가 진짜 살아 있는 진로 교육입니다.

이때 중요한 것은 성공담만이 아니라 실패와 좌절, 그리고 다시 일어서는 과정을 솔직하게 들려주는 것입니다. 아이는 이를 통해 진로가 한 번의 선택으로 결정되는 것이 아니라 끊임없는 성장과 변화의 과정이라는 것을 배우게 됩니다.

단 "나 때는 말이야!" 식의 일방적 훈계가 아니라 "그때 엄마는 이런 마음이었어. 만약 네가 그 상황에 있었다면 어떤 선택을 했을 것 같아?"와 같은 열린 질문으로 대화의 물꼬를 터야 합니다. 아이가 부모의 경험을 통해 배우되 자신만의 생각을 키워 갈 수 있는 여지를 남겨 두는 거죠.

우리 아이만의 진로 프로필 완성하기

일상 속에서 발견한 아이의 모습들을 차근차근 기록해 보세요. 거창한 포트폴리오가 아니라 작은 수첩 하나면 충분합니다. 이번 주 아이가 가장 집중해서 한 활동은 무엇인지, 새롭게 도전해 본 것은 무엇인지, 언제 가장 뿌듯해했는지, 어려워했지만 포기하지 않은 것은 무엇인지 간단하게 적어 두세요.

주기적으로 아이와 함께 이 기록들을 돌아보며 이야기해 보세요. "우리 아들은 정말 그림 그릴 때 시간 가는 줄 모르더라.", "우리 딸은 친구들을 도와주는 걸 좋아하는구나.", "새로운 걸 배우는 걸 재미있어 하네." 이런 식으로 아이의 특성들을 함께 발견해 나가는 거예요.

6개월, 1년이 지나면 놀라운 패턴들이 보일 거예요. 그 패턴들이 바로 우리 아이만의 진로 나침반이 됩니다. 외부의 기준이나 남들의 시선에 흔들리지 않고 우리 아이 안에 있는 진짜 모습을 발견해 나가는 과정 자체가 가장 소중한 진로 교육입니다.

공부의 진짜 이유를 찾아 주는 것

아이와 함께 미래 그림을 함께 그려 나가다 보면 아이는 자연스럽게 '내가 지금 배우는 수학이, 국어가, 영어가 내 꿈과 어떻게 연결되는지' 발견하게 됩니다. 수의사가 되고 싶은 아이는 생물학이 왜 중요한지 알게 되고, 게임을 만들고 싶은 아이는 수학과 논리적 사고의 필요성을 깨닫게 되죠.

무작정 앞서 나가는 공부가 아니라 '내가 왜 이걸 배워야 하는지' 알고 하는 공부는 완전히 다릅니다. 아이 스스로 동기를 찾은 공부는 부모가 억지로 시키지 않아도 저절로 지속되고 더 깊이 있게 탐구하고 싶어하게 만들어요.

외부의 기준이나 남들의 시선에 흔들리지 않고 우리 아이 안에 있는 진짜 모습을 발견해 나가는 과정 자체가 가장 소중한 진로 교육이자 진정한 공부의 출발점입니다.

기회를 준비하는
삶의 태도

"엄마, 나 어제 도서관에서 우연히 화산 책을 봤는데 너무 재밌었어. 지질학자도 멋있겠다 생각했어."

이 순간 부모는 두 갈래 길 앞에 서게 됩니다. "그랬구나." 하고 가볍게 넘길 수도 있고, "그런 책을 발견했다니 신기하네. 지질학자가 어떤 일을 하는지 유튜브에서 찾아볼까?" 하며 가볍게 다음 문을 열어 줄 수도 있지요.

진로란, 이렇게 크고 작은 선택의 흐름 속에서 천천히 방향을 틀어 가는 여정입니다. 그 방향은 때로 아주 우연한 순간에 결정적인 전환점을 맞이하기도 해요. 이런 관점을 이론으로 제시한 것이 바로 존 크럼볼츠John Krumboltz의 '계획된 우연 이론'입니다. "인생은 계획대로 되지 않지만, 계획된 태도로 우연을 포착해야 한다!" 정말 멋진 문장이지 않나요? 진로도 마찬가지입니다. 미리 정해진 길을 따라가는 것이 아니라 삶의 흐름 속에서 만나는 예기치 못한 순간들을 어떻게 받아들이느냐에 진로가 달려 있다는 것이죠. 크럼볼츠는 우연을 기회로 바꾸는 다섯 가지 내면의 힘을 제시했습니다. 이 다섯 가지 태도를 하나씩 살펴보며 일상에서 어떻게 길러 줄 수 있는지 함께 알아보겠습니다.

"이것도 한번 해 볼래?" 호기심

"엄마, 나도 저 아저씨처럼 빵 만들어 보고 싶어." 동네 베이커리 앞을 지나다 아이가 갑자기 한 말입니다. 평소 요리에 관심도 없던 아이인데 말이죠. 이럴 때 "숙제할 시간도 부족한데, 무슨 빵같은 소리니?"라고 해야 할까요, 아니면 "그래? 그럼 주말에 시간 내서 간단한 쿠키라도 만들어 볼까?"라고 해야 할까요?

호기심이라는 건 참 묘합니다. 예측할 수도 없고, 때로는 엉뚱한 곳에서 튀어나오니까요. 아이가 평소 게임만 하다가 갑자기 "엄마, 게임은 누가 만들어?"라고 묻거나, TV에서 우연히 본 다큐멘터리를 보고 "바다 밑은 정말 저렇게 생겼을까?"라고 중얼거릴 때도 있습니다. 이런 순간들이 사실 진로의 실마리입니다. 서점에서 아이가 평소 안 보던 '우주 과학' 코너에서 발걸음을 멈췄다면 "뭐가 그렇게 신기해? 엄마도 궁금한데, 같이 한 권 골라 볼까?" 하며 자연스럽게 호기심의 문을 열어 주는 것이 필요합니다. 중요한 건 결과가 아니라 그 순간의 반짝임을 놓치지 않는 거예요. 빵 만들기에 도전했다가 망쳐도, 우주 책을 샀는데 며칠 후 관심이 시들해져도 괜찮습니다. 그 작은 경험들이 쌓여서 "아, 나는 이런 것도 해 볼 수 있구나!" 하는 자신감이 되거든요.

"해 보려 했다는 것 자체가 대단해!" 인내심

"엄마, 피아노 그만둘래." 한 달 전만 해도 "피아니스트가 되고 싶어!"라며 눈을 반짝이던 아이가 고개를 푹 숙이고 말합니다. 처음 며칠은 신나게 연습하더니, 손가락이 아프다고, 음표 읽기가 어렵다고, 친구들은 다 놀러 가는데 자기만 연습한다고 투덜거립니다.

이럴 때 뭐라고 할까요? "그럼 왜 시작했어? 돈 아까워!" 이렇게 할 건가요? 아니면 "응, 그만두자. 어차피 네가 끝까지 할 줄 알았어!"라고 비꼬듯 말할 건가요? 사실 이런 순간이 가장 중요합니다. "그래, 힘들었구나. 그런데 한 달 동안 매일 연습하려고 노력한 거 정말 대단한데?" 이렇게 말해 주는 거죠. 그러면 곧 또 다른 걸 배우고 싶다고 할 거예요. 하지만 예전보다 훨씬 현실적으로 접근해야 합니다. "이것도 처음엔 어려울 거야. 그래도 해 볼래?"라고 말하면서요.

"계획이 바뀌어도 괜찮아!" 유연성

음악 학원에서 고작 6개월 정도 피아노를 배우던 아이가 "이제는 미술하고 싶어요."라고 말합니다. 솔직히 속으로는 '아이고, 또 시작이네. 이렇게 이것저것 바꾸면 언제 뭔가 제대로 해 보겠어?' 하는 생각이 드는 게 당연해요. 그런데 가만 생각해 보면, 어른인 우리도 직장을 바꾸고, 취미를 바꾸고, 심지어 인생 계획도 수정하면서 살잖아요. 아이는 경험이 더 적으니까 당연히 더 자주 마음이 바뀔 수밖에 없어요. "피아노 하면서 음악적 감각이 많이 늘었잖아. 이제 그림 그릴 때도 그 감각을 써 볼 수 있을 거야."라고 연결점을 찾아 주세요. 변화를 자연스럽게 받아들이는 분위기를 만들어 주는 거예요. "계획이 바뀌는 게 아니라 꿈이 자라고 있는 거야!"라고 생각하면 마음이 한결 편해질 거예요.

"이것도 나에게 필요한 경험이었구나!" 낙관성

"엄마, 나 학급 회장 선거에서 떨어졌어." 아이가 풀죽은 목소리로 집에 들어옵니다. 일주일 내내 공약도 열심히 준비하고, 친구들한테 표도 부탁하면서 정말 열심히 했는데 말이에요. 이럴 때 뭐라고 위로해야 할까요?

"에이, 그 친구들이 눈이 없네. 우리 아이가 훨씬 잘할 수 있는데." 이렇게 하면 당장은 아이 기분이 나아질 수도 있지만, 근본적인 해결책은 아닙니다. 오히려 "아쉽긴 하지만 이번에 공약 준비하면서 우리 반 친구들이 뭘 원하는지 알게 됐잖아. 그것도 중요한 경험이야!"라고 말해 주는 건 어떨까요? 아이들은 어른보다 훨씬 빨리 회복합니다. 다만 그 과정에서 '실패해도 괜찮다, 이것도 다 의미가 있다.'라는 걸 자연스럽게 받아들일 수 있도록 옆에서 살짝 도와주기만 하면 돼요.

"시도 자체가 멋진 거야!" 위험 감수

"엄마, 나 장기 자랑 대회에 나가 볼까?" 평소 소극적이던 아이가 갑자기 이런 말을 할 때 마음이 복잡해집니다. 한편으로는 대견하면서도, 다른 한편으로는 '혹시 떨어지면 상처받지 않을까?' 하는 걱정이 앞서거든요. "에이, 너 그런 거 잘하지 못하잖아. 괜히 나가서 창피당하지 마!"라고 할 건지, "와, 그런 생각을 하다니! 정말 멋진데?"라고 할 건지에 따라 아이가 앞으로도 계속 도전하는 아이가 될지, 아니면 움츠러드는 아이가 될지 갈리거든요. 부모 입장에서는 아이가 상처받을까 봐 걱정되는 게 당연합니다. 하지만 안전한 실패를 경험할 수 있는 지금이 오히려 기회일지도 모릅니다.

우연한 기회들은 늘 우리 주변에 흩어져 있습니다. 중요한 건 그 기회들을 알아보고 붙잡을 수 있는 마음의 준비가 되어 있느냐 하는 것이죠. 아이가 그런 준비된 마음을 가질 수 있도록 오늘도 일상의 작은 순간들에 귀 기울여 보세요.

공부보다 먼저
바꿔야 할 집안 풍경

"진로 교육은 고사하고, 정작 매일 해야 하는 숙제도 제대로 안 하려고 하는 아이는 어떻게 해야 하나요?"

아이가 당장 해야 하는 공부조차 피한다면 아무리 멋진 진로 교육을 제공한다 해도 큰 의미가 없습니다. 먼저 아이가 공부 자체에 재미를 느낄 수 있는 환경, 자연스럽게 몰입할 수 있는 환경을 만드는 방법부터 찾아보면 어떨까요?

진로 탐색에서 가장 중요한 것은 아이가 자신을 발견해 가는 과정이라고 했습니다. 그런데 막상 현실로 돌아오면 고민이 생깁니다. "아이가 호기심을 갖고 새로운 것에 도전하라고 하는데, 정작 매일 해야 하는 공부조차 제대로 앉아서 하지 않으면 어떻게 하죠?"

맞습니다. 아무리 좋은 진로 교육 이론이 있어도 아이가 학습 자체를 부담스러워하고 피한다면 아무런 의미가 없습니다. 진로 탐색이 활발해지려면 먼저 '배움'에 대한 긍정적 경험이 쌓여야 하거든요. 그래서 이번에는 아이가 자연스럽게 몰입할 수 있는 학습 환경을 만드는 방법을 이야기해 보겠습니다.

마음이 보내는 신호 '미루기'

아이가 오늘도 책상 앞에 앉자마자 연필을 깎기 시작합니다. 한두 자루만 깎으면 될 것을 쓰지도 않을 연필을 깎고 또 깎습니다. 그러다가 책상 서랍을 정리하고 갑자기 물이 마시고 싶어져 부엌을 오가죠. 엄마는 답답한 마음에 "빨리 앉아서 공부 좀 해!"라고 말하지만 아이는 또 다른 핑계를 찾아 자리를 뜹니다. 어느 집 할 것 없이 비슷한 풍경입니다.

아이들에게 공부는 '하고 싶은 일'이 아니라 '해야 할 일'입니다. 의무감이 생기면 자연스럽게 긴장과 부담감이 따라오지요. 우리 뇌는 체중의 약 2퍼센트밖에 안 되지만 전체 에너지의 20퍼센트 정도를 사용하는데, 여기에 스트레스까지 더해지면 뇌는 본능적으로 더 편안한 활동을 찾게 됩니다.

완벽주의 성향을 가진 아이들이 특히 그렇습니다. 모든 것이 완벽하게 준비되어야만 시작할 수 있다고 생각하면서 정작 중요한 학습 시간을 놓치게 되죠. 문제는 이런 미루기가 반복되면 집중력이 약해진다는 점입니다. 자꾸 다른 것에 주의가 분산되고 스스로 통제하지 못하는 경험이 쌓이면서 자기 조절 능력에 손상이 생깁니다.

'목적의식'과 '감정 온도' 점검하기

학습 효과를 떨어뜨리는 최악의 심리 상태가 두 가지 있습니다. 하나는 목적을 모르는 것이고 다른 하나는 불안한 마음으로 공부하는 것입니다. "이걸 왜 배워야 해?"라고 말하는 아이의 마음은 갈 곳 잃은 배와 같습니다. 방향을 잃은 채 표류하다 보면 자연스럽게 포기하게 되면서 실패 경험만 쌓이게 되죠. 이때 '훌륭한 사람이 되려면', '나중에 좋은 직업을 가지려면' 같은 먼 미래의 이야기보다는 더 가까운 목적을 찾아 주는 것이 효과적입니다. "식물 공부하면 네가 키우는 강낭콩이 왜 잎이 누래지는지 알 수 있을 거야.", "영어 공부를 해 두면 좋아하는 유튜버 영상을 자막 없이도 볼 수 있겠네!" 이런 식으로 아이의 현재 관심사와 연결해 주는 거죠.

목적의식만큼 중요한 건 집안에 떠도는 감정의 온도입니다. 부모의 불안과 조급함은 말하지 않아도 아이에게 고스란히 전해집니다. 우리 집안의 감정 온도는 어떤가요? 하루 종일 "숙제는 했어?", "시간 다 됐는데 뭐 하고 있어?"라는 말들이 오가고 있지는 않나요? 불안하고 조급한 부모의 마음이 집안 공기를 무겁게 만들고 있다면 아이는 공부 자체보다 부모의 평가를 더 의식하게 됩니다. 그러니 우선은 물리적인 환경보다 공부 정서에 집중해야겠지요. 목적의식을 가지고 기분 좋게 공부하는 것. 이 두 가지가 갖춰졌을 때 비로소 아이들에게 진짜 학습이 일어납니다. 그렇다면 어떤 환경을 만들어야 할까요? 그 답은 '몰입 환경'에 있습니다.

몰입이 자연스러운 집 만들기

"엄마, 나 시간 가는 줄도 모르고 풀었어."

아이의 손바닥엔 땀이 고여 있었고 얼굴엔 성취의 빛이 어렸습니다. 누가 시킨 것도, 숙제였던 것도 아니었지요. 그저 풀릴 듯 말 듯 한 문제를 스스로 이겨 내고 싶었을 뿐이에요.

바로 이 순간이 '몰입'입니다. 시간의 흐름을 잊고 어떤 활동에 깊이 빠져드는 상태를 말하죠. 이때 아이는 호기심, 집중력, 인내심을 동시에 경험하며 자신의 내면에 귀를 기울이게 됩니다. 외적 보상이 아닌 '내가 좋아서' 하는 활동에서 진짜 성장이 일어납니다.

공부 주도권을 아이에게 주고, 학습 난이도를 아이 수준에 맞추고, 목표를 단계적으로 상향 조정하는 것과 같은 원칙은 생략하고 우리 집에서 특별히 실천해 볼 만한 몰입 환경을 만드는 방법을 소개해 드릴게요.

학습 미션 박스 만들기

집에 예쁜 상자 하나를 두고 '학습 미션 박스'로 만들어 보세요. 매일 혹은 주간 단위로 아이가 직접 뽑아 수행할 수 있는 작은 학습 미션들을 준비해 두는 거예요. 여기서 중요한 건 아이와 함께 미션을 만드는 데 있습니다. 부모가 혼자 정하면 분명 "또 숙제 상자구나!" 하며 외면할 테니까요.

15분 동안 수학 문제 풀기
과학 실험 영상 보고 3줄 요약하기
좋아하는 책에서 인상 깊은 문장 하나 찾기

학습만 가득 든 미션 쪽지라면 설레는 마음이 생기기는 어려울 거예요.

1시간 자유 시간 이용권
요즘 유행하는 노래를 듣고 반복되는 말 찾기
만화책 한 권 보고 새롭게 알게 된 낱말 10개 찾기

재미와 스릴의 요소도 함께 섞여 있어야 미션을 뽑고 싶은 마음이 듭니다. 미션을 완료하면 스티커를 붙이거나 작은 보상을 주면서 아이가 게임하듯 몰입할 수 있어요. 중요한 건 아이가 직접 미션을 뽑아야 한다는 점입니다. 그러면 억지로 시키는 공부가 아니라 내가 선택한 도전이 되거든요.

'몰입 존' 셋팅하기

교육심리학에서 말하는 '자극 통제Stimulus-Control 원리'를 보면, 특정 장소를 학습에만 사용하면 그 공간 자체가 '공부 모드'로 전환시키는 신호가 된다고 합니다. 마치 침실이 잠자리를 떠올리게 하는 것처럼 말이에요. 실제로 수면 장애 치료나 습관 형성 프로그램에서도 이런 맥락 안정성이 행동 변화의 핵심 요소로 활용되고 있어요.

연구 결과도 이를 뒷받침합니다. 조용하고 시각적 자극이 적은 환경에서 아이들의 주의 지속 시간이 현저히 늘어났고, 반대로 포스터나 장난감이 많은 교실에서는 초등학생들의 산만함이 유의미하게 증가했거든요. '예쁘게 꾸며 주고 싶은 마음'과 '집중할 수 있는 환경' 사이에서 고민이 되시겠지만, 몰입이 목표라면 후자를 선택하는게 좋습니다.

집 안 한 곳을 아이만의 '몰입 존'으로 정해 주세요. 꼭 넓을 필요는 없어요. 거실 한 모서리나 아이 방 책상 주변이라도 충분합니다. 핵심은 '책상 + 필기도구 + 당장 필요한 교재 한 세트'로만 구성하는 거예요. 다른 책들은 조금 떨어진 곳에 정리해 두고, 스마트폰이나 태블릿은 아예 다른 방에 두는 게 좋아요. 몰입 존 바로 옆에는 '준비 존'을 만들어 보세요. 물병, 간단한 간식, 휴지 같은 것들을 미리 준비해 두는 거예요. 아이들이 "목말라!", "배고파!" 하면서 자꾸 일어나는 건 자연스러운 일이거든요. 이때 멀리 가지 않고도 바로 해결할 수 있게 해 주면 집중의 흐름이 덜 끊어져요.

'타이머 챌린지'하기

"15분 동안 이 문제 풀기 챌린지!"라고 말하며 타이머를 켜는 순간, 아이의 표정이 달라지는 걸 보실 수 있을 거예요. 시간 제한이 있으니까 더 집중하게 되고, 짧은 시간이라 부담도 적거든요. 처음에는 10분부터 시작해서 성공하면 12분, 15분으로 천천히 늘려 가세요. 인지과학에서는 한 번에 집중할 수 있는 시간을 '주의 집중 스팬'이라고 부르는데, 보통 아이들은 7~10분 정도로 시작해 조금씩 훈련을 통해 늘릴 수 있습니다. 타이머가 울리면 "와! 진짜 집중했구나!" 하며 결과보다는 과정 자체를 칭찬해 주세요. 아이들은 게임처럼 느끼게 되고, 짧은 시간 동안 몰입해서 끝내는 경험이 쌓이면 점점 더 긴 시간도 집중할 수 있게 되어요. '시간 내에 끝내기'라는 작은 목표가 큰 성취감으로 이어지는 거죠. 중요한 건 아이가 실패해도 "괜찮다, 다음에 도전해 보자!" 하는 분위기를 만들어 주는 거예요.

'학습 진도 시각화'하기

"엄마, 나 언제쯤 이 문제집 다 끝내?"라고 묻는 아이를 보니, 어른도 끝이 보이지 않는 일은 답답한데 아이들은 얼마나 막막할까 싶더라고요. 벽에 학습 진도표나 성취 차트를 붙여 보세요. '보이는 목표'의 힘을 믿어 보는 거예요. 진도표를 만들면서 "이번 주 목표는 뭘로 할까?", "어떤 스티커로 표시할까?" 하며 아이를 적극적으로 참여시켜 주세요. 이런 과정에서 아이가 주도권을 갖게 됩니다.

'몰입 유발 음향 환경' 실험하기

아이와 함께 집중에 도움이 되는 소리를 찾아보세요. 백색 소음, 클래식 음악, 빗소리, 파도 소리 등을 실험적으로 적용해 보는 거예요. "오늘은 이 음악 들으면서 공부해 볼까?" 하면서 아이가 어떤 소리에서 더 집중하는지 함께 발견해 가는 과정 자체가 재미있습니다.

어떤 아이는 완전한 무음을 좋아하고, 어떤 아이는 잔잔한 음악을 좋아해요. 정답은 없으니 우리 아이만의 최적 환경을 찾아가면 됩니다. 연구에 따르면 60~70bpm의 느린 템포 음악이나 자연의 소리는 뇌파를 안정시켜 집중력 향상에 도움이 된다고 합니다.※ 하지만 아이가 몰입 상태에 들어갔다면 음악은 조용히 꺼 주세요. 이미 제 역할을 다했으니까요.

- Mollakazemi, M. J., Biswal, D., Elayi, S., Thyagarajan, S., Evans, J., & Patwardhan, A. (2019). Synchronization of autonomic and cerebral rhythms during listening to music: Effects of tempo and cognition of songs. Physiological Research.

'마이크로 휴식'과 '회복 시간' 갖기

'공부 중에 쉬면 나태해진다.'라고 생각하기 쉽지만, 사실 적절한 휴식은 몰입을 위한 필수 조건입니다. 20~30분마다 3~5분씩 짧은 휴식을 주는 게 정말 중요합니다. 이런 '미세 휴식'이 뇌의 피로를 줄이고 주의력을 회복시켜 주거든요. 포모도로 기법(25분 집중 + 5분 휴식)이 유명한 이유도 여기에 있고요. 휴식 시간에는 준비 존에서 물을 마시거나 가벼운 스트레칭을 하게 해 주세요. 스마트폰을 보게 하면 오히려 뇌가 더 자극받아서 다시 집중하기 어려워집니다. 아이가 공부하다가 피곤해하면 억지로 앉혀 두지 마세요. 10~20분 정도 짧게 잠을 자거나 집 주변을 가볍게 산책하게 해 주세요. 이런 휴식이 오히려 뇌의 정보 정리에 도움이 되고 다시 공부할 때 더 집중할 수 있게 해 줘요. '주의 고갈 → 빠른 회복 → 재집중'의 자연스러운 사이클을 만들어 주는 거예요.

- Zacher, H., Brailsford, H. A., & Parker, S. L. (2014). Micro-breaks matter: A diary study on the effects of energy management strategies on occupational well-being. Journal of Vocational Behavior, 85(3), 287–297.

조금 더 깊은 몰입을 위한
고민 해결 Q&A

Q. 집이 좁아서 아이만의 몰입 공간을 따로 만들기 어려워요.

A. 사실 공간의 크기보다 중요한 건 '약속'이에요. 식탁 한 모서리, 거실 한구석이라도 충분합니다. 작은 테이블 매트 하나를 깔고 "이 시간, 이 공간은 우리가 집중하는 특별한 곳이야."라고 의미를 부여해 보세요. 아이가 좋아하는 캐릭터 쿠션을 하나 놓아 주거나, 조그만 화분을 함께 키우는 것만으로도 '나만의 몰입 존'이 완성됩니다. 환경심리학 연구에 따르면, 공간의 절대적인 크기보다는 그 공간에 대한 소유감과 애착이 집중력에 더 큰 영향을 미친다고 해요. 아이와 함께 작은 공간을 꾸미는 과정 자체가 애착감을 높이고 그 공간에서의 활동에 대한 몰입도를 향상시켜 줍니다. 간단한 파티션이나 책장으로 시각적인 구분을 만드는 것도 좋은 방법이에요.

꼭 필요한 물건만 두고 단순하게 정돈해 주세요. 어수선한 환경은 아이의 주의를 분산시키거든요.

Q. 형제자매가 있을 때 각자의 공부 환경을 어떻게 보장할까요?

A. "형이 공부하는데 동생이 자꾸 방해해요", "언니는 집중하는데 동생이 소리를 내서 싸워요." 이런 고민들 정말 많이 하시죠? 이땐 물리적 분리와 공정한 규칙이 해답입니다. 책상 사이에 작은 책장을 두거나 커튼을 설치해서 각자의 영역을 만들어 주세요. 서로 등을 지고 앉게 하는 것만으로도 시선이 분산되지 않아 집중도가 높아집니다. 더 중요한 건 아이들과 함께 가족 규칙을 정하는 거예요. 예를 들어, '공부하는 사람 책상 근처 1미터는 접근 금지 구역', '공부 중일 때는 말 걸기 전에 3초 기다리기', '급한 일이 아니면 쪽지로 소통하기' 같은 구체적인 약속들요. 소음 관리도 중요해요. '형이 공부할 때 동생은 이어폰 착용하고 게임하기', '피아노 연습은 공부 시간 피해서 하기', '친구와 통화할 때는 다른 방에서 하기' 같은 규칙들을 정해 보세요. 여기서 중요한 건 서로에 대한 배려가 기본이라는 거예요. '방해했을 때는 진심으로 사과하고 간식 하나 주기', '집중 잘했을 때는 서로 칭찬 스티커 붙여 주기' 같은 긍정적인 규칙도 함께 만들어 보세요.

규칙을 정할 때는 아이들끼리 "이럴 때 정말 짜증나지 않아?"라고 서로의 마음을 들어 보게 해 주세요. 본인들이 직접 겪는 구체적인 상황을 바탕으로 만든 규칙이라야 잘 지켜집니다. 그리고 절대 형제간 비교는 금물이에요. 각자의 성취를 개별적으로 인정해 주는 것이 중요해요.

Q. 스마트폰, 게임 등 방해 요소를 어떻게 제한해야 할까요?

A. 무작정 빼앗기보다는 아이와 함께 약속을 정하는 게 훨씬 효과적입니다. 물리적으로 거리를 두는 것부터 시작해 보세요. 공부할 때는 스마트폰을 다른 방에 두거나 방해 금지 모드를 활용하고요. 요즘은 구글 패밀리 링크, 애플 스크린 타임 같은 유용한 앱들도 많이 나와 있으니 필요에 따라 사용하면 좋습니다. 가족 모두 함께 디지털 사용 규칙을 정하는 것도 좋은 방법입니다. 예를 들어, '식사 시간에는 모든 가족 스마트폰 금지', '공부 시간에는 부모도 스마트폰 사용 자제' 같은 규칙들이요. 중요한 건 부모의 모범입니다. 아이 앞에서 부모도 스마트폰 사용을 자제해야 아이도 따라 해요. 어렵지만 같이 실천해 보아요.

Q. 집중력이 짧은 우리 아이, 어떻게 접근해야 할까요?

A. '우리 아이는 5분도 못 앉아 있어요.'라고 걱정하시나요? 괜찮습니다. 학교에서 보면 집중력이 좋은 아이보다 부족한 아이들이 더 많습니다. 내 아이만의 문제가 아니니 너무 걱정하지 마세요. 대신 처음부터 1시간 집중을 기대하지 마세요. 10~15분부터 시작해

서 점진적으로 늘려 가면 됩니다. 1단계로 10분 집중한 후 5분 휴식을 반복하고, 2단계에서는 15분 집중으로 늘려 가며 성취감을 느끼게 해 주세요. 그다음 3단계에서 20분으로 점진적으로 확장해 나가는 거예요. 단계마다 성공했을 때는 "와! 10분이나 집중했네!"라며 아이의 성공 경험을 하나씩 쌓아 주세요. 이때 '고작 10분밖에 안 해 놓고!'라는 마음은 잠시 내려 두세요. 시간의 길이보다 집중한 사실 자체에 집중해야 앞으로 시간을 늘려 갈 수 있어요.

Q. 완벽주의 성향인 아이, 실수를 너무 두려워해요.

A. "실수하면 어떡하지?"라며 시작조차 못 하는 아이를 보면 마음이 아프죠. 이런 아이에게는 "완벽하지 않아도 괜찮다."라는 메시지를 꾸준히 전달해 주는 것이 중요합니다. 실수를 실패가 아닌 성장의 기회로 받아들이는 환경을 만들어 주세요. "정답을 맞혔네!"보다는 "이 문제를 해결하려고 여러 방법을 시도해 본 게 정말 멋져!"라고 말해 주는 거예요. 아이의 감정을 충분히 들어주고 공감하는 것도 중요합니다. "속상하구나, 엄마도 완벽하게 하고 싶을 때가 있어."라고 먼저 마음을 다독여 주세요. 목표 설정할 때도 높은 목표보다는 현실적이고 달성 가능한 작은 목표부터 차근차근 세워 보세요. 성취감을 자주 느낄 수 있도록 도와주는 것이 완벽주의 아이에게는 특히 중요하답니다.

말만 바뀌어도
내적 동기가 향상된다

몰입할 수 있는 환경을 만들어 주는 것만큼 중요한 게 하나 더 있습니다. 바로 부모의 말 한마디입니다. 아무리 완벽한 몰입 존을 만들고, 타이머 챌린지를 준비해도 부모가 던지는 말 한마디가 아이의 동기를 한순간에 꺾어 버릴 수 있거든요.

"빨리 집에 가서 엄마한테 자랑하고 싶어요. 엄마가 이번 시험 100점 받으면 로블록스 깔아 준다고 했거든요."

수학 단원 평가 100점을 받은 우리 반 아이가 제게 시험지를 흔들며 자랑하던 날이 떠오릅니다. 그 순간 저는 조금 복잡한 마음이 들었어요. 과연 이 아이는 수학이 재미있어서 열심히 했을까요, 아니면 게임을 선물받기 위해서 했을까요?

물론 건전한 보상은 필요합니다. 아이의 노력을 인정하고 축하하는 마음을 표현하는 좋은 방법이죠. 그러나 모든 결과에 이러한 보상이 연결되면 서로의 행동에 계산이 따르는 관계가 될 수 있습니다. 건강한 보상은 상대방의 마음에 공감하고 그 감정을 공유하는 바탕에서 이루어져야 하거든요.

더 큰 문제는 이런 일들입니다.

"엄마, 숙제 다 했어요. 이제 뭘 해 주실 거예요?"

"정리 다 했으니까 용돈 주세요."

언제부턴가 아이가 뭔가를 할 때마다 보상부터 찾고 있다면 이미 대화 방식에 문제가 생긴 거예요. 아이 스스로 '이게 중요하다, 이걸 해야겠다.'라는 마음보다는 이걸 하면 뭘 받을까가 우선되어 버린 거죠.

보상 중심 대화 vs. 과정 중심 대화

방금 전 로블록스 약속을 했던 그 상황을 다시 살펴봅시다.

아이: "엄마, 수학 시험 100점 받았어요!"

엄마: "와! 진짜 100점이야? 약속대로 로블록스 깔아 줄게!" (보상 중심 대화)

→ "와, 수학 시험 100점을 받았네? 엄마가 약속한 게임은 당연히 깔아 줄 건데, 이번 시험 준비하느라 얼마나 열심히 했는지 엄마는 정

말 잘 알아. 진짜 뿌듯하겠다, 우리 아들!"(과정 중심 대화)

작은 차이 같지만, 첫 번째 대화에서 아이가 기억하는 건 '약속한 게임'이고, 두 번째 대화에서 아이가 기억하는 건 '내 노력과 과정을 엄마가 알고 있다.'라는 표현입니다. 물론 게임 약속을 했다면 지켜 줘야 해요. 다만 대화의 초점을 어디에 두느냐가 중요한 거죠.

아이 : "엄마, 진짜 기분 최고예요. 약속대로 게임 깔아 주실 거죠?"
엄마 : "물론이지! 그런데 만약 이번에 100점이 아니었어도 네가 열심히 한 걸 엄마는 알기 때문에 그 어떤 축하라도 해 줬을걸? 그런 의미로 우리 오늘 저녁은 특별히 삼겹살 파티 어때?"

같은 100점이지만 두 번째 대화에서 아이는 자신의 경험을 돌아보게 됩니다. 게임은 여전히 중요하지만 그보다 자신의 노력과 성취감에 대해서도 생각해 보게 된 거죠.

아이의 마음을 열어 주는
부모의 대화법 Q&A

Q. 화가 날 때는 어떻게 해야 하나요?

A. "또 안 했네! 몇 번을 말해야 알아듣니!" 이런 말들이 입에서 튀어나온 후에 후회해 본 경험, 안 해 보신 부모가 있을까요? 솔직히 화가 날 때는 좋은 말투가 나오기 어렵습니다. 저도 그런 순간들이 정말 많거든요. 이럴 때는 완벽한 부모 흉내를 내려고 애쓰지 마세요. 일단 심호흡을 한 번 하고, "엄마가 좀 성급했네. 다시 말할게."라고 솔직하게 말해도 괜찮습니다. 실수를 인정하고 다시 시작하는 부모의 모습에서 아이들은 더 큰 안정감을 느낍니다. 가끔은 "엄마도 화가 날 때가 있어. 잠깐 마음을 정리하고 올게."라고 말하고 잠시 자리를 비우는 것도 괜찮습니다. 감정이 격해진 상태에서 무리하게 대화를 이어 가면 서로에게 상처만 남길 수 있거든요.

Q. 아이가 실패했을 때 어떻게 말해야 하나요?

A. "왜 이렇게 못했어? 더 열심히 했어야지!" 아이가 시험을 망쳤다고 할 때 이런 말이 자동으로 나오는 것은 정말 자연스러운 반응입니다. 저도 그랬거든요. 하지만 이미 속상해하고 있는 아이에게 왜 못했냐는 질문은 더 위축시킬 뿐이에요. 대신 "아, 생각보다 어려웠구나. 어떤 부분이 제일 힘들었어?"라고 물어보세요. "또 안 했네. 언제까지 이럴 거야?"보다는 "숙제하기 어려웠나 보네. 뭐가 제일 어려웠어?"라고 말하는 거예요. 아이가 실패했을 때일수록 마음을 먼저 짚어 주는 게 중요합니다. 결과에 대한 실망보다는 과정에서 아이가 느꼈을 어려움에 관심을 보이면, 아이는 '엄마가 나를 이해해 주는구나!'라고 느끼면서 다음에 더 솔직하게 이야기할 수 있게 돼요. 실패는 혼날 일이 아니라 함께 해결할 문제라는 걸 알게 되거든요.

Q. 아이가 "몰라요!", "별로요!"만 말할 때는?

A. "오늘 학교에서 뭐 했어?", "몰라요.", "재미있었어?", "별로요." 이런 대화가 계속 반복되면 정말 답답하죠. 하지만 억지로 대답하게 만들려고 하지는 마세요. "그럴 수도 있지. 나중에 생각나면 얘기해 줘."라고 하고 일단 넘어가세요. 계속 파고들면 아이는 더 입을 닫아 버립니다. 며칠 후에 다시 자연스럽게 물어보면 의외로 대답하는 경우가 많거든요. 아이가 "몰라요!"라고 할 때는 정말로 표

현할 말을 찾지 못하는 상황일 수 있습니다. 감정을 언어로 표현하는 것은 어른도 어려운 일이잖아요. "기분이 어땠는지 말하기 어려우면 별점으로 매긴다면 몇 점 정도였어?"라고 구체적인 방법을 제시해 주는 것도 방법이 될 수 있습니다.

Q. **바쁠 때도 이렇게 대화해야 하나요?**

A. 완벽한 부모가 되어야 한다는 압박감에 매번 완벽한 대화를 하려고 애쓸 필요는 없습니다. "지금은 시간이 없어서 제대로 들어주기 어렵구나. 저녁에 천천히 들어줄게."라고 솔직하게 말하는 것도 좋은 대화입니다. 이때 진짜 저녁에 시간을 내야 합니다. 약속을 지키는 모습을 보여 주는 것이 아이에게는 '내가 소중한 존재구나!'라는 메시지를 전달해 주는 일이거든요. 양보다는 질이 중요합니다. 하루에 5분이라도 온전히 아이에게만 집중하는 시간을 만들어 보세요.

Q. **"왜 공부를 해야 해요?"라고 묻는데, 대답하기 참 어려워요.**

A. 공부의 이유는 아이에게도, 부모에게도 늘 어렵고 무거운 질문입니다. 공부가 중요하다는 건 너무나 당연하지만 정작 아이 앞에서 차근차근 설명하려고 하면 쉽지 않거든요. "그야 나중을 위해서지. 공부해야 좋은 대학을 가고, 그래야 직장도 좋고……." 머릿속에서는 이런 말들이 떠오르지만 막상 아이에게 꺼내기엔 입이 떨

어지지 않습니다. 어쩌면 우리도 완전히 납득하지 못해서일지도 모르겠어요. 대답이 어려울 때는 비유를 활용해 보세요. '레몬으로 레몬 만들기' 비유로 설명해 줄 수 있어요.

"생레몬을 씹어 먹어 본 적 있니? 그대로 먹으면 아주 시고 쓰기까지 하지. 근데 생각해 보면 살아가면서 우리에게 주어지는 것 중에 이런 레몬들이 꽤 많더라. 아주 시고 쓰게 느껴지는 것들 말이야. 공부도 그중 하나일 수 있어. 재미없고 어렵기만 하니까. 하지만 레몬은 인생에서 누구나 먹게 되는 과일이야. 선택할 수는 없지만 그 레몬으로 레모네이드를 만드는 방법은 할 수 있단다. 레몬에 달콤한 설탕과 톡 쏘는 탄산을 넣어 맛있게 만들 수 있는 것처럼 말이야. 나에게 주어진 레몬을 그대로 두지 않고 설탕을 넣어 달콤한 레모네이드를 만드는 게 바로 인생이지 않을까? 너에게 지금 주어진 공부라는 레몬도 미래에 네가 하고 싶은 일, 좋아하는 일과 잘 섞이면 정말 멋진 레모네이드가 될 수 있을 거야."

결국 공부뿐만 아니라 아이가 앞으로 인생에서 마주하게 될 다양한 레몬들을 잘 다룰 수 있도록 돕는 게 부모의 역할입니다. 공부를 통해 문제를 해결하는 방법을 배우고, 어려운 것을 끝까지 해내는 끈기를 기르고, 새로운 것을 받아들이는 유연성을 키우는 거죠. 이 말을 들은 아이는 아마 공부가 조금 덜 쓰고 시게 느껴질지도 모르겠어요. 그리고 언젠가는 자신만의 특별한 레모네이드 레시피를 만들어 낼 거라고 확신합니다.

5

우리 집만의 흔들리지 않는 기준 세우기

지금까지 우리를 흔들리게 만드는 사회적 압력들을 살펴보고 그것이 아이에게 어떤 영향을 미치는지, 기준 있는 공부란 무엇인지 함께 알아봤습니다. 하지만 아무리 좋은 교육 철학을 갖고 있어도 매일 쏟아지는 정보와 비교의 유혹 앞에서 흔들리지 않기란 쉽지 않습니다.

실제로 많은 부모들이 이런 경험을 하죠. 우리만의 속도로 가자고 다짐했는데 SNS에서 다른 가정의 일상을 보면 마음이 흔들립니다. 아이의 행복이 우선이라고 생각했는데 주변에서 "요즘은 이런 게 대세래요."라는 말을 들으면 혹시 우리만 모르는 건 아닌지 불안해집니다.

이런 상황에서 정말 필요한 건 우리 집만의 확고한 기준입니다. 남들이 뭐라고 하든, 어떤 정보가 들어오든 흔들리지 않는 중심축을 가지는 거죠. 이 기준은 어떻게 세워야 할까요?

먼저 타인의 평가와 끝없는 비교에서 벗어나는 법부터 시작해 보겠습니다. 다른 가정과 비교하는 마음이 생기는 건 자연스럽지만, 그 비교가 우리 가정의 방향을 좌우하게 두어서는 안 되거든요. 하루에도 몇 번씩 쏟아지는 교육 정보들을 어떻게 선별할지 구체적인 기준도 세워 보려 합니다. 모든 정보가 우리에게 필요한 건 아니니까요.

무엇보다 중요한 건 실패도 성장의 한 과정이라는 걸 아는 것입니다. 그래서 아이가 안전하게 도전할 수 있는 환경을 만드는 것이 중요합니다.

마지막으로는 엄마와 아빠가 함께 양육의 기준을 세우는 방법도 살펴보겠습니다. 부부가 같은 방향을 보고 있을 때 아이도 더 안정감을 느낄 수 있으니까요.

결국 우리 집만의 기준이란 남들과 다른 특별한 무엇이 아닙니다. 우리 아이의 성향과 가족의 가치관, 그리고 우리가 꿈꾸는 가정의 모습을 바탕으로 한 자연스러운 선택들이에요. 주변의 시선이나 유행에 휘둘리지 않고, 우리 가족이 진짜 원하는 방향으로 걸어갈 수 있는 기준을 지금부터 함께 고민해 보겠습니다.

평가와 비교에서 벗어나기

언제부터인가 우리 주변에는 성공한 육아의 모델들이 넘쳐나고 있습니다. SNS만 켜도 완벽해 보이는 ○○맘들의 일상이 펼쳐지고 마치 그들처럼만 하면 자녀 양육의 정답을 찾을 수 있을 것 같은 착각에 빠지게 됩니다. 그래서 우리는 자꾸만 비교하게 됩니다. 다른 집 아이는 벌써 이것도 하고 저것도 한다는데 우리 아이는 왜 이럴까 싶어서 초조해집니다. 완벽해 보이는 엄마가 되기 위해 끊임없이 남의 방식을 따라가려 애쓰는 거예요.

"남들 다 시키는데 왜 안 시키세요?", "5학년인데 아직도 집에서만 공부시키는 거예요?", "애를 자유롭게 키우시는 걸 보니 교육관이 참 남다르시네요?"

이런 말들 한 번쯤은 들어보셨나요? 겉으론 호기심처럼 들리지만, 듣는 사람 입장에선 은근히 불편한 말입니다. 처음엔 그냥 넘겼다가도 뒤늦게 마음이 흔들리는 경우가 많죠. '내가 정말 아이를 잘못 키우고 있는 건 아닌가?' 하는 마음이 스멀스멀 올라오기도 하고요.

그런데 잠깐, 위의 질문들을 다시 한번 들여다보세요. 어디서 많이 들어 본 것 같지 않나요?

"남들 다 공부하는데, 너는 왜 안 하니?", "5학년이나 됐는데 아직도 이러고 있을 거야?", "넌 커서 뭐가 되려고 아직도 이렇게 자유분방하니?"

맞습니다. 바로 우리가 아이에게 종종 하는 말들이거든요. 우리도 모르는 사이에 우리 아이를 다른 아이와 비교하고 있었던 겁니다. 성별에 따라, 나이에 따라, 역할에 따라 끊임없이 비교의 잣대를 들이대면서요. '남자라면 그 정도는 해야지.', '벌써 고학년인데 그 정도는 해야지.'

우리는 아이에게도, 스스로에게도 비교와 통념, 성별 역할이라는 이름의 외부 기준을 아무 의심 없이 들이대며 살아왔습니다. 그 기준이 얼마나 차갑고 날카로운지 돌아보지 못한 채로 말이지요.

아이를 '있는 그대로' 바라보는 연습

실없는 말장난으로 어른들에게 부정적인 피드백을 자주 듣던 우리 반의 윤관이라는 아이가 있었습니다. 저는 윤관이의 실없는 말

장난이 그렇게나 재미있더라고요.

"적절한 타이밍에 농담을 던질 줄 아는 것도 능력이야. 윤관이 덕분에 교실 분위기도 부드러워질 때가 많잖아."

저는 윤관이의 전폭적인 지지자였습니다. 장난이 심하다고 제지하기보다 재치 있다는 피드백을 자주 줬거든요. 윤관이는 지금 레크레이션 MC를 하고 있습니다. 재치라는 재능을 단순한 장난으로 폄하했더라면 지금의 윤관이는 어떤 삶을 살게 되었을까요? 아이들이 다 크기도 전에 정답이 있는 삶에서 동떨어져 있다고 싹부터 잘라 버리지 않았으면 합니다.

아이들은 저마다 타고난 기질과 특성이 다르고, 주어진 조건도 다릅니다. 그럼에도 보통의 삶이 이렇다고 재단해 주고, 보통의 삶 안에 들어와야 한다고 강요하게 되면 그저 보통의 사람이 되겠죠. 참 미안한 일입니다.

아이를 키우다 보면 비교의 순간은 수도 없이 찾아옵니다. 학부모 단톡방에서 "우리 애는 혼자 알아서 숙제해요."라는 메시지를 보면 '우리 아이는 언제쯤 저렇게 될까?' 하는 생각에 속이 뒤틀립니다. 머리로는 비교하면 안 된다는 걸 아는데, 마음은 이미 '내가 뭘 잘못했나?' 하며 자책 모드로 빠집니다.

사실 부모라면 누구나 크고 작은 비교의 순간에서 완전히 자유로울 수는 없습니다. 우리는 본능적으로 비교하는 존재거든요. 타인과의 비교는 내가 잘하고 있는지, 뒤처지지는 않았는지 확인하려는 자연스러운 마음입니다. 그렇다 보니 비교하지 말라는 말은 현실적이지 않은 이상적인 조언처럼 들리기도 합니다. 문제는 비교 자체가 아니라 비교의 방향과 태도입니다. 건강한 비교와 해로운 비교는 명확히 다르거든요. '해로운 비교'는 언제나 아이를 다른 아이와 놓고 평가합니다. 이런 비교는 아이의 장점보다는 부족한 점에 집중하게 만들어 부모를 불안하게 만들죠. 결국 아이에게 과도한 압력을 주어 오히려 자존감을 낮추고 성장을 가로막게 됩니다. '건강한 비교'는 아이를 타인이 아닌 어제의 아이 자신과 비교하는 것입니다. 어제보다 책을 한 권 더 읽었다든지, 문제를 조금 더 자신 있게 풀었다든지 하는 사소한 변화에 눈을 돌리면 비교는 성장을 확인하는 기준이 될 수 있습니다.

비교에서 벗어나기 위한 5가지 연습

"지금 내가 하는 비교는 아이에게 도움이 될까?" 이 질문 하나로 마음이 정리된다고 하지만, 솔직히 비교하는 그 순간에는 그런 여유가 없습니다. 그냥 무의식적으로 비교하고 있을 테니까요. 그럼에도 현실적으로 해 볼 수 있는 작은 연습들을 알려 드릴게요.

비교의 순간에 5초만 참아 보기

비교의 감정이 들 때 거창한 자기 성찰은 나중에 하고 일단 5초만 참아 보세요. 그냥 숨 한 번 크게 쉬고 "지금 나 화났구나!" 하고 인정하는 것만으로도 충분해요.

저도 "다른 애들은 시키지 않아도 잘만 한다는데……." 이 말이 목구멍까지 올라올 때가 있습니다. 그럴 때 정말 5초만 참고 "아, 지금 내가 불안하구나!" 하고 속으로 말해 봅니다. 신기하게도 그 5초가 아이에게 상처 주는 말을 막아 주더라고요. 완벽하지 않아도 돼요. 10번 중 3번만 성공해도 그걸로 충분합니다.

어제의 우리 아이 찾아 보기

"하나 틀렸어? 그럼 100점 받은 애는 몇 명인데?" 이렇게 무의식적으로 올라오는 비교의 말들이 참 많지요? 저도 솔직히 궁금해서 물어보고 싶을 때가 자주 있지만 의식적으로 참습니다. 정말 참지 못할 만큼 제 아이의 상대적인 수준이 궁금할 때는 객관적으로 알려 줄 수 있는 선생님께 조심스럽게 여쭙니다. 하지만 평소에는 다른 아이와의 비교보다 아이의 작은 변화를 구체적으로 찾아 격려해 주는 것이 중요합니다.

받아쓰기 80점을 받았을 때는 "지난주에는 70점이었는데 이번엔 80점이네! 10점이나 올랐구나!"라고 하고, 친구와 놀 때는 "작년에는 친구 집에 놀러 가기 무서워했는데 이제는 먼저 약속 잡는구나."

와 같은 식으로 작은 변화들을 찾다 보면 우리 아이만의 성장이 보입니다. 물론 매번 이렇게 하기는 어렵습니다. 피곤한 날에는 그냥 "수고했어."라고 하는 것만으로도 충분합니다. 비교하지 않은 것만으로도 평타는 했습니다.

우리만의 기준으로 말하기

"다른 집 애들은 다 일찍 자는데 너는 왜?" 대신 "일찍 자는 건 우리 가족이 중요하게 생각하는 거야!"라고 말해 보세요. "남들은 다 학원 가는데." 대신 "우리는 집에서 천천히 하는 걸 좋아하잖아!"라고도 해 보세요. 이렇게 '우리만의 기준'으로 말하면 아이도 덜 위축됩니다.

흔들릴 때마다 냉장고에 붙여 둔 "우리 가족은 서로를 있는 그대로 사랑해!"라는 문장을 보면서 다시 마음을 다잡습니다. 거창하지 않아도 괜찮은 것 같아요.

거리 두기 실천하기

모임이나 소셜 미디어에서 나를 불편하게 하는 비교가 반복적으로 발생한다면 잠시 거리를 두어 보세요. 완벽하고 흠집 없는 육아 일상만 올리는 SNS 계정이나 자꾸 비교하게 만드는 지인들을 과감히 언팔하거나 음소거하는 것도 한 방법이에요. 스마트폰 설정에서 SNS 앱 사용 시간을 하루 30분으로 제한하는 것도 효과적입니다.

지나치게 경쟁적이거나 비교를 부추기는 모임에는 매번 참석하지 않아도 됩니다. 그 자리에서 벗어났을 때 마음이 가벼워진다면 그것은 건강한 신호입니다. 대신 나를 있는 그대로 인정해 주는 사람들, 아이 자랑보다는 서로의 고민을 나눌 수 있는 사람들과 시간을 보내세요. 환경 자체를 바꾸는 것이 때로는 가장 현실적인 해결책이거든요.

감사의 관점으로 하루를 돌아보는 습관을 가져 보세요

비교하는 마음은 대부분 내가 가지고 있지 않은 것에만 초점을 맞출 때 커집니다. 다른 아이가 가진 화려한 성과, 우리 아이가 갖추지 못한 능력, 우리 가족에게 부족한 조건들을 계속 떠올리다 보면 불안과 결핍감만 더 커지죠. "이것밖에 못 하겠니?"라는 말이 목구멍까지 올라와도 잠깐 멈춰 보세요. '이것'이라도 해낸 게 있으니까요. "노력해 줘서 고마워."라고 말할 점이 분명 있을 거예요. 매일 밤 잠들기 전 아이와 함께 오늘 감사했던 일 세 가지를 이야기해 보세요. 거창할 필요 없어요. "오늘 아침에 혼자 일어났구나!", "동생이 울 때 달래 줘서 고마웠어.", "숙제하면서 투덜거렸지만 끝까지 했네!" 이런 것들 말이에요. 아이가 바로 떠올리지 못해도 기다려 주세요. 천천히 생각해서 한 가지라도 말한다면 그것만으로도 충분해요. 이런 작은 습관이 자꾸 부족한 것만 보던 시선을 조금씩 바꿔 줍니다.

아이와 감사 시간을 가질 때 부모인 나 자신의 하루도 함께 돌아보세요. "엄마도 오늘 화내지 않고 잘 참았네.", "아빠도 피곤했는데 아이와 놀아 줘서 고마워."처럼 스스로 격려하는 시간도 가져 보세요. 혹시 여유가 된다면 기록을 해 보는 것도 좋습니다. "오늘은 아이의 숙제를 재촉하지 않았다.", "짜증 낼 뻔했는데 한 번 참았다.", "아이 말을 끝까지 들어 줬다." 이런 작은 것들도 충분히 칭찬받을 일이거든요. 이렇게 나 자신을 객관적으로 바라보고 긍정적으로 인정하는 습관이 다른 부모와의 비교 대신 내 성장에 집중하게 해 줍니다.

비교의 마음을 완전히 없앨 순 없습니다. 저도 매일 흔들리거든요. 하지만 매일 5초씩이라도 참아 보고, 일상에서 감사함도 느껴 보니 아이를 더 따뜻하게 바라보게 되는 것 같아요. 완벽한 부모가 되려고 하지 말고 그냥 '충분히 노력하는 부모'면 되지 않을까요? 오늘도 아이를 위해 애쓰는 당신의 하루에 감사와 위로의 마음을 보냅니다. 당신도, 그리고 저도 우리는 이미 충분히 좋은 부모입니다.

교육 정보를 선별하는
4가지 기준

아이를 키우면서 가장 큰 고민 중 하나는 '정보'입니다. 스마트폰을 켜면 유튜브부터 인스타그램, 각종 맘카페까지 교육 정보가 홍수처럼 쏟아지죠. 편리한 세상이지만 그 많은 정보를 다 읽고 나면 "아, 우리 아이도 저렇게 해야 하나?" 싶다가도 "어? 그런데 여기서는 정반대 얘기를 하네?" 하며 더 혼란스러워집니다. 마치 잘 차려진 뷔페에서 이것저것 먹다가 오히려 속이 더부룩해지는 것처럼요.

"누구는 선행학습이 꼭 필요하다고 하고, 또 누구는 절대 하면 안 된다고 해요. 도대체 뭐가 맞는 거죠?" 이런 고민, 저도 정말 많이 들어 봤습니다. 같은 주제인데 정반대 이야기를 들으면 마음은 더욱 복잡해지죠. 단언컨대 정답은 없습니다. 핵심은 우리 가족에게 맞는 정보를 선별하는 힘입니다. 지금부터 그 정보를 현명하게 골라내는 방법을 나눠 보겠습니다.

첫째, 신뢰할 수 있는 정보원부터 구분하기

알고리즘이 추천하고, 지인이 공유하고, 그 지인을 따라 또 누군가가 공유한 정보가 나에게 도착합니다. '좋아요' 수가 많은 글, 조회수가 높은 영상, 화려한 섬네일의 자극적인 말들 중에 무엇이 진짜이고 무엇이 가짜일까요? 그 정보를 보낸 사람이 누구인지, 그리고 그 정보가 어디서 왔는지 한 번 더 생각해 보셨나요?

정보의 출처를 3단계로 나누어 보세요.

가장 신뢰할 수 있는 1단계는 교육부나 시도교육청 같은 공식 기관의 발표, 그리고 국가 통계나 학회에서 발표한 연구 결과입니다. 구체적인 연구 결과나 통계는 객관적이고 검증된 데이터를 바탕으로 하거든요.

2단계는 현직 교사나 의사, 심리 전문가처럼 해당 분야에서 일하는 전문가가 실명을 걸고 제공하는 정보입니다. 이분들은 현장에서 직접 경험한 것을 바탕으로 이야기하기 때문에 신뢰도가 높아요.

3단계는 블로그 후기나 학원 광고, 인플루언서 리뷰 같은 경험담이나 상업적인 콘텐츠입니다. 물론 이런 정보도 도움이 될 수 있지만, 1~2단계 정보로 뒷받침되지 않는다면 참고 정도로만 받아들이는 게 좋습니다.

그 외에 실패 사례도 함께 다루는 솔직한 경험담을 찾아보세요. 성공 사례만 늘어놓는 것보다 "이런 방법을 시도했는데 우리 아이에게는 맞지 않았어요. 대신 이렇게 했더니 효과가 있더라고요." 같은 균형 잡힌 이야기가 훨씬 현실적이고 도움이 됩니다.

반대로 이런 정보는 일단 의심해 보세요. ○○ 엄마가 카톡방에서 들었다는 이야기처럼 출처가 불분명한 '카더라' 정보는 가장 조심해야 합니다. 고급 정보인 것처럼 포장되어 있지만 실제로는 근거가 없는 경우가 많거든요. '이것만 하면 100퍼센트 성공' 같은 과장된 표현도 의심스럽습니다. 교육에 100퍼센트는 없습니다. 아이마다 다르고, 상황마다 다르니까요. "안 하면 큰일 난다."라는 식의 불안 마케팅은 부모의 마음을 흔들어서 성급한 판단을 하게 만듭니다. 이런 정보를 접할 때는 한 번 더 생각해 보세요. 이 광고가 이렇게 말하는 이유가 무엇일지를요.

둘째, 모든 기준을 '나'와 '아이'에게 맞추기

남의 성공 사례에 휘둘리지 마세요. 서울대에 갔다는 옆집 아이의 공부법이 내 아이에게도 꼭 맞을 거라는 보장은 없습니다. 그 방법이 특별하고 유효했다면 모두가 서울대에 갔어야겠지요. 하지만 현실은 그렇지 않습니다. 정보는 그저 하나의 사례일 뿐이거든요.

같은 나이의 아이들이라도 관심사가 다르고, 집중력도 다르고, 학습 속도도 다릅니다. 어떤 아이는 아침에 집중을 잘하고, 어떤 아이는 저녁에 머리가 더 잘 돌아가죠. 어떤 아이는 조용한 환경에서 공부를 잘하고, 또 어떤 아이는 약간의 소음이 있을 때 더 집중합니다.

남의 성공 사례를 그대로 따라 하기보다는 우리 아이의 특성을 먼저 파악하는 게 중요합니다. '우리 아이는 언제 가장 집중을 잘할까?', '어떤 방식으로 설명해 줄 때 이해를 잘할까?', '무엇에 흥미를 보일까?' 이런 질문들을 스스로 던지는 것이죠.

어떤 교육 정보를 접했을 때 바로 적용하기보다는 다음 3단계를 거쳐 보세요.

1단계는 발달·성향 맞춤 단계입니다. 우리 아이의 학년, 현재 학습 태도, 관심사, 체력 등을 간단히 5줄 정도로 메모해 보세요. '초등 3학년, 수학보다 국어를 좋아함, 집중력은 30분 정도, 활동적인 성격, 새로운 것을 배우는 걸 좋아함.' 이런 식으로요.

2단계는 부모 자원을 점검하는 단계입니다. 현실적으로 우리 가족이 투입할 수 있는 예산, 부모님의 시간, 통학 거리, 가족 일정과의 충돌 여부 등을 확인해 보세요. 아무리 좋은 교육 방법이라도 우리 가족 상황에 맞지 않으면 지속하기 어렵습니다.

마지막 3단계는 목표 대비 부담을 분석하는 단계입니다. 투입해야 할 시간과 비용 대비 기대할 수 있는 효과를 5점 만점으로 적어 보세요. 3점 미만이면 일단 보류하는 게 좋아요.

다양한 교육법 중에서 우리 아이에게 어울릴 것 같은 방법이 있다면 한번 시도해 보세요. 하지만 이것만은 꼭 기억하세요. 안 맞으면 미련 없이 그만두기입니다! 처음에는 좋아 보였는데 막상 해 보니 아이가 스트레스받거나, 가족 분위기가 나빠지거나, 예상보다 효과가 없다면 과감히 중단하는 것도 용기입니다. 그렇게 하다 보면 어느새 우리 가족만의 방식이 생겨날 거예요.

셋째, 교육관이 있는 부모 되기

"아이 교육에 대한 철학이 있으세요?" 이런 질문을 받으면 당황스러우실 수도 있습니다. 교육관이라고 하면 뭔가 거창하고 어려운 것 같거든요. 하지만 사실 교육관은 아주 간단합니다. 자녀를 키우면서 '이것만은 꼭 지키자!'와 '이것만은 하지 말자!'를 구분하는 것부터 시작하면 되거든요. 스스로 생각하는 교육의 기준을 정리해 보세요.

- **이것만은 꼭 지키자**: 아이 말을 끝까지 들어주기, 하루 30분은 함께 책 읽기, 잘못했을 때 설명할 기회 주기, 잠잘 시간 무조건 지키기
- **이것만은 하지 말자**: 다른 아이와 비교하며 말하기, 성적으로만 아이를 평가하기, 아이 앞에서 불안한 모습 보이기

이렇게 몇 가지만 정리해 둬도 교육 정보를 접할 때 '이게 우리 가

족 원칙에 맞나?'라고 스스로 질문할 수 있습니다. 그러면 수많은 정보 중에서 정말 필요한 것만 선별하기가 훨씬 쉬워집니다.

교육관이 중요한 이유는 바로 선택을 하기 위해서입니다. 남의 기준이 아닌 나의 기준에서 최선을 선택하려면 내가 중요하다고 여기는 무언가가 있어야 합니다. 예를 들어, '아이의 자존감이 가장 중요해!'라는 교육관이 있다면, 아무리 좋다는 학원이라도 아이를 다른 아이와 비교하며 경쟁을 부추기는 곳은 선택하지 않을 거예요. '체계적인 학습 관리가 중요해!'라는 교육관이 있다면 자유로운 분위기보다는 규칙적이고 체계적인 교육 방법을 선호하겠죠.

완벽한 답을 찾으려 하지 마세요. 아이를 키우면서 조금씩 바뀔 수도 있고 보완될 수도 있습니다. 중요한 건 내가 생각하는 기준이 있다는 것 그 자체입니다.

넷째, '카더라' 정보가 아닌 진짜 정보 찾기

경제에 관심이 많은 분들이 매일 경제면 기사를 읽듯이, 교육에 관심이 있는 분이라면 교육 관련 기사를 꾸준히 읽는 것이 중요합니다. 특히 교육 제도의 변화에 관한 정보는 정말 중요합니다. 교육 제도는 4년 예고제로 운영됩니다. 즉 변화가 있을 때 미리 4년 전부터 알려 준다는 뜻이죠. 지금 초등학교 1학년 아이가 있다면 이 아이가 고등학교에 갈 때쯤 입시 제도는 이미 발표되어 있습니다. 이런 정보를 미리 알고 있으면 아이의 미래를 위해 어떤 준비를 해야 할지 계획을 세울 수 있어요. 교육부 홈페이지나 시도교육청 사이트는 정책 변화를 가장 정확하게 알려 줍니다. 특히 '학부모 게시판'이나 '정책 브리핑' 코너를 주기적으로 확인하시면 좋습니다. 한국교육과정평가원, 한국교육개발원 같은 국책연구기관의 보고서들도 신뢰할 만합니다. 좀 어려울 수 있지만 요약본이나 언론 보도 자료를 통해서 핵심 내용을 파악할 수 있어요. 최근에는 교육부에서 운영하는 '함께학교' 사이트에서도 양질의 교육 정보가 공유되고 있고요. 제가 요즘 손쉽게 교육 정보를 확인하는 팁을 공유하자면, ChatGPT 같은 AI 도구를 활용하는 거예요. AI에게 '매주 금요일 저녁 8시에 국내외 초등 교육 정책 변화를 정리해 주고, 핵심 포인트와 부모 시사점을 5줄로 요약해서 보내 줘!'라고 설정해 두면, 매주 정해진 시간에 필요한 정보만 골라서 받아 볼 수 있거든요. 정보의 신뢰도를 높이기 위해 출처까지 꼭 밝혀 달라고 요구하고요. 정보는 인간이 만들어 내지만 인간은 다시 그 정보가 만들어 내는 존재로 전락할 때도 있습니다. 정보를 활용하되 휘둘리지 않는 현명한 부모가 되시길 바랍니다.

SNS 시대, 정보 다이어트 실천법

며칠 전 SNS에서 짧은 영상 하나를 우연히 보게 되었습니다. "목동맘이라면 다 안다."라며 시작된 그 영상은 아이의 연령대별로 어느 수학 학원을 보내야 하는지 순서대로 나열해 보여 주었어요. 소○, 필○, 황○……까지 이름만 들어도 웬만한 부모라면 다 아는 대형 학원들이 차례차례 등장했습니다. 처음엔 '또 이런 영상이군.'이라며 냉정하게 바라보려 했습니다. 교육 분야에서 20년을 일하고 연구하는 사람으로서 이런 획일적인 로드맵이 얼마나 비현실적인지, 어떻게 부모들의 불안을 자극하는 마케팅 수법인지 잘 알고 있으니까요. 그런데 영상이 끝날 무렵 가슴 한편이 묘하게 답답했어요. 마치 시험 문제의 모범답안을 보고 있는 것 같았지만, 동시에 우리 아이는 그 모범답안 밖에 있는 것은 아닐까 하는 생각이 들었거든요.

'내가 왜 이런 감정을 느끼지?' 싶어 스스로 당황스러웠습니다. 호기심에 댓글 창을 열어 보았어요.

"우리 아이도 지금 저 코스를 밟는 중입니다."

"목동이라서 가능한 얘기 아닌가요? 지방맘은 반성합니다……."

"그래서 다 SKY 갔나요? 아니면 사춘기 세게 겪고 좌절했나요?"

부러움과 씁쓸함, 냉소와 체념이 뒤섞인 감정들이 댓글 사이를 떠돌았습니다. 분명 누군가는 이런 댓글들 사이에서 내 아이만 뒤처진 것 같다는 불안감이 슬며시 고개를 들었을 거예요. 저도 머리로는 "이건 포모 FOMO•를 유발하는 전형적인 패턴이야!"라고 분석하면서도 마음 한구석에서는 의심이 스멀스멀 올라왔어요. 저는 휴대폰을 내려놓은 채 잠시 멍하니 앉았습니다. 그 영상이 정말 도움이 되었던 걸까요, 아니면 그저 또 한 번 마음을 흔든 것일까요?

심리학에서는 이를 정보 과부하 Information Overload라고 합니다. 스탠퍼드 대학교의 연구에 따르면, 과도한 정보의 홍수는 뇌의 피로도를 높이고 집중력을 떨어뜨릴 뿐만 아니라 불안과 스트레스를 유발한다고 합니다. 특히 자녀 교육과 관련된 정보는 부모의 비교 심리를 자극하여 양육 자신감을 위축시키고 결국 아이와의 관계까지 위태롭게 만든다는 연구 결과도 있습니다.

SNS 속에서 화려하게 편집된 양육법과 수백 개의 '좋아요'를 받

• Fear Of Missing Out, '놓치는 것에 대한 두려움'을 의미하는 신조어로, 사회적 흐름이나 기회를 놓칠까 봐 불안해하는 심리적 현상을 말한다.

은 공부법들을 보다 보면 우리는 어느새 '비교'라는 무거운 짐을 지고 있습니다. 예전에는 부모들이 '몰라서' 흔들렸다면, 이제는 '너무 많이 알아서' 흔들리는 것이죠. 과잉된 정보가 피로가 되는 시대, 요즘 부모들에게 필요한 것은 정보 다이어트가 아닐까요?

정보에 지치지 않기 위한 5가지 실천법

정보는 분명 유용한 도구입니다. 하지만 그 도구를 다룰 기준이 없다면 정보는 도움 대신 불안만을 남기게 됩니다. 그래서 지금 우리에게는 '정보 다이어트'가 꼭 필요합니다. 그것은 '덜 아는' 것이 아니라 '덜 흔들리는' 것을 의미합니다.

정보 수집 시간대를 정해 두세요

먼저 정보를 보는 시간을 정해 보세요. '아이가 잠든 후 30분', '주말 오후 1시간'처럼 구체적으로 말이에요. 수시로 SNS를 확인하다 보면 불필요한 정보까지 계속 들어오게 됩니다. 평일에는 교육 관련 SNS 보지 않기, 주말에 한번에 모아서 정리하기, 시간 제한을 알람으로 설정하기 등 자신만의 방법을 정해 둔다면 내가 정보를 선택하는 주체가 될 수 있어요. 마치 식사 시간을 정해 두는 것처럼 정보 섭취도 규칙적으로 관리하는 거죠.

비교 불안을 유발하는 계정은 과감히 숨기세요

SNS는 불안한 감정을 자극하는 정보에 더욱 오래 머물게 만듭니다. 팔로우하는 계정을 점검해 보세요. 좋아서가 아니라 불안해서 자꾸 보게 되는 계정이 있다면 잠시 알림을 끄거나 팔로우를 정리하는 것도 정보 다이어트의 시작입니다. 작은 팁을 드리자면, 팔로우하고 있는 계정의 주관적 등급을 슬쩍 매겨 보는 거예요.

A 등급: 의욕이 생기고 실용적인 팁을 얻는 계정
B 등급: 가끔 도움이 되지만 때로는 비교 의식을 자극하는 계정
C 등급: 불안감만 조성하거나 과도한 경쟁을 부추기는 계정

A 등급 위주로 북마크를 해 두세요. B 등급은 정해진 시간에만 확인하세요. C 등급 계정은 과감히 언팔로우하거나 알림을 꺼 두세요. 마음의 평안을 지키는 것도 아이를 위한 일이니까요.

정보의 기준을 가족 단위로 바꿔 보세요

막연히 '우리 아이에게 맞을까?'라고 생각하면 불안해집니다. 모든 정보가 우리 아이에게 맞는 건 아닙니다. 정보를 볼 때마다 이 세 가지 질문을 던져 보세요.

☐ 우리 아이의 성향과 맞는가?

☐ 우리 가족의 생활 패턴에 적용 가능한가?
☐ 지금 당장 실행할 수 있는 현실적인 방법인가?

아침 공부가 아무리 좋다고 해도 아이도, 엄마도 저녁형 인간이라면 맞지 않는 거예요. 또 맞벌이 가정에서 주말마다 학원을 다녀야 하는 프로그램이라면 가족 시간을 희생해야 하는 부담이 있죠. 이런 현실적 조건들을 무시하고 정보를 받아들이면 오히려 가족에게 스트레스만 가중됩니다.

SNS 알고리즘을 이해하고 활용해 보세요

SNS는 우리가 오래 머무는 콘텐츠와 비슷한 내용을 계속 보여줍니다. 불안한 마음으로 교육 정보를 많이 클릭하면 더 자극적인 교육 콘텐츠가 계속 노출되는 거예요. 알고리즘을 길들이는 방법은 다음과 같아요.

긍정적이고 실용적인 콘텐츠에 '좋아요'와 댓글 달기
불안을 조성하는 콘텐츠는 빠르게 넘기기
'관심 없음' 기능 적극 활용하고 검색어도 신중하게 선택하기

알고리즘을 우리 편으로 만들면 SNS가 불안의 창구가 아니라 도움의 창구가 될 수 있습니다.

하루 30분, 스마트폰 없는 온전한 관찰 시간을 만들어 보세요

디지털 미니멀리즘의 아버지라 불리는 칼 뉴포트Cal Newport 교수는 '기술을 줄이는 목적은 단순히 스크린 타임을 줄이기 위해서가 아니라 진정으로 중요한 것에 집중하기 위해서'라고 말합니다. 스마트폰 없는 온전한 관찰 시간을 만들어 보세요. 스마트폰을 다른 방에 두고 아이와 놀아 주며 아이의 표정과 놀이, 말투를 가만히 바라보는 시간이 주는 깨달음은 생각보다 깊고 소중합니다. 식사 시간이나 주말 오후처럼 디지털 기기 없는 가족 시간을 만들어 보세요. 정보는 아이를 '이끌' 때는 유용하지만 아이를 '이해'할 때는 오히려 방해가 될 수 있습니다.

정보 다이어트의 목표는 정보를 적게 아는 것이 아닙니다. 정보에 휘둘리지 않고 우리 아이에게 정말 필요한 것이 무엇인지 명확하게 보는 눈을 기르는 데 있습니다. SNS 속 화려한 성공 스토리나 완벽해 보이는 교육 루트는 그저 참고 사항일 뿐입니다. 진짜 중요한 건 지금 내 앞에 있는 아이가 어떤 사람인지, 무엇을 좋아하고 어떤 것에 어려움을 느끼는지 아는 것이죠.

정보가 넘쳐나는 시대일수록 가장 가까운 곳에서 가장 소중한 답을 찾을 수 있기를 바랍니다. 우리 아이의 눈빛 속에서, 함께 웃는 순간들 속에서 말이에요.

기준 있는 집은 실패를 환영한다

매년 4월이면 과학의 달 행사로 학교와 교육청은 분주합니다. 과학 상상화 그리기 대회, 발명품 경진 대회, 과학 토론 대회, 자연 관찰 대회에다가 요즘은 각종 AI가 붙은 정보 대회도 점점 많아지고 있거든요. 제 아이들은 해마다 과학 대회에 참가하는데, 특히 둘째는 올해 자연 관찰 대회에 참가하게 되었습니다. 시 대회 예선전이 치러지는 대회 장소에 도착하니 아이들과 함께 온 부모님들의 인파로 행사장이 가득 메워져 있더라고요. 대회 진행 시간은 2시간인데, 1시간이 조금 지나자 시험을 마친 학생들이 조금씩 나오기 시작했습니다.

"엄마가 끝까지 적고 나오랬잖아. 다 풀기는 했어?"

"문제가 너무 어려웠어……."

"그래서 다 못 풀고 나왔다는 거야? 엄마가 뭐랬어? 어젯밤에 조금 더 공부하고 자랬잖아. 망했네, 망했어. 글씨도 못 알아보게 적였지? 안 봐도 뻔해."

"……."

"뭐 한다고 우물거리니? 빨리 걸어! 아이C……."

시험장에서 일찍 나온 아이를 맞이한 엄마의 앙칼진 목소리를 들으니 저까지 민망하더군요. 어느 정도로 아이가 따라 주지 못했는지는 알 순 없지만, 아이의 심장이 쪼그라들 것 같다는 생각이 들었습니다. 아이들은 왜 자꾸 부족해 보이고 그럴 때 우리는 왜 그렇게 화가 날까요?

실패 앞에서 왜 우리는 흔들릴까?

사실 우리도 잘 알고 있습니다. 아이의 실패에 대해 어떻게 말하고 행동하는 것이 우아하고 교양 있는지를요. 우아하고 교양 있는 말투는 희한하게도 남의 집 아이에게는 잘 나옵니다. 그런데 내 아이가 못마땅한 행동을 하거나 실수를 반복하면 가장 잔인하고 미숙한 방식으로 아이를 다그칩니다. 분명 비난할 의도는 없었습니다. 아이의 실수를 고쳐 주고 싶은 마음이 클수록 목소리도 커지는 듯합니다. 하지만 실수에 대한 부모의 마음가짐이 아이가 자신의 실수에 대처하는 데 중요한 길잡이가 된다는 것도 잊지 않았으면 합니다.

부모가 실수를 비난할 때 아이는 저항감이 올라옵니다. 저항감은 결국 하고 싶지 않은 마음으로 이어집니다. 분명 본인도 원치 않은 실수였을 거예요. 엄마가 굳이 입을 대지 않아도 충분히 속상합니다. 우리도 그렇잖아요. 누군가가 "왜 맨날 같은 실수를 반복하는 거니? 똑바로 해."라고 말하면 속으로 '그럼, 너는 잘하니?'라는 반감과 함께 '내가 때려치우고 만다.'라는 저항이 올라온 경험 있잖아요. 실수에 대해 부모가 민감하게 반응하면 아이는 두 가지 감정을 느낍니다. 하나는 저항감이고, 다른 하나는 불안감입니다. 저항감은 '하기 싫다.'라는 마음으로 이어지고, 불안감은 '시도하기 무섭다.'라는 마음으로 이어지죠. 결국 새로운 도전보다는 안전한 길만 택하려는 아이로 자라게 되는 거예요.

시험장에서 호되게 혼난 그 아이는 두 번 다시 이런 대회는 나오지 않아야겠다고 다짐했을지도 모릅니다. 부디 그날 늦게라도 더 잘했으면 하는 마음에 목소리가 커졌다고 미안한 마음을 전해 주셨길 기대합니다. 용기 내어 나온 큰 대회가 아이에게 트라우마로 남지 않아야 할 테니까요.

실패해도 괜찮다고 말해 주는 집

우리는 실패를 너무도 쉽게 부끄러운 것으로 가르칩니다. 단 하나의 실수도 허용하지 않고 언제나 완벽한 성적과 결과를 요구하죠. 하지만 기준이 있는 집은 다릅니다. 실수를 다른 각도에서 생각할 줄 알거든요. 사실 아이들은 실수하면서 배워 가는 존재로 우리에게 보내졌습니다. 아이뿐만일까요? 우리도 매일 같이 실수하잖아요. 저도 생각해 보니 제 아이에게 "왜 맨날 네 물건을 엄마한테 찾니? 제발 네 물건은 네가 좀 간수해!"라는 잔소리를 참 많이 하는데요. 사실 저 역시 제 물건을 어디다 놔뒀는지 기억하지 못할 때가 참 많습니다. 거의 24시간 차고 있는 애플워치는 정신없는 저 덕분에 하루에도 몇 번씩 제 핸드폰을 찾느라 알림 벨이 울리거든요. 그런데 제 아이가 뭔가를 찾으러 다니면 그 꼴은 또 못 보겠더라고요. 우리 반 아이들에게 제가 제일 많이 하는 말이 "괜찮아, 그럴 수도 있지."인데 제 아이에게만 지나치게 엄격해집니다. 실수를 너그러이 품는 태도가 저에게도 절실합니다.

    누구나 자신의 실수를 어떻게 처리해야 하는지 알고 있습니다. 실수 뒤에는 반성과 깨달음이 따르고 그 후에 더 나은 행동을 선택하게 됩니다. 아이에게도 스스로 더 나은 행동을 선택할 수 있는 힘이 있습니다. 실수 뒤에 조금의 시간을 주게 되면 아이는 스스로 이 실수를 어떻게 처리해야 할지 생각합니다. 뛰다가 넘어진 실수, 위험한 물건을 만져 깨뜨린 실수처럼 급하거나 위험한 상황이라면 즉각적인 대처가 필요합니다. 하지만 급한 상황이 아니라면 아이에게 처리할 기회와 시간을 주세요.

"실수했구나. 어떻게 해결하면 될까?"

"어디서 틀렸는지 다시 보면 돼요."

"그럼, 네가 틀린 과정을 찾아볼래?"

문제를 풀다가 틀리면 위험하거나 급한 상황은 아닙니다. 아이가 자신의 실수를 스스로 처리할 수 있도록 기회를 주는 제안을 해 보세요. 자신의 문제는 자신이 스스로 해결해야지요.

그럼에도 아이가 똑같은 실수를 반복한다면 부모는 속이 끓을 거예요. "몇 번을 얘기해야 하는 거니?"라고 말해 봤자 도움 되지 않습니다. 아이가 "한 번 더 말하면 알아들어요.", "10번 더 말해 주세요."라고 대답할 수는 없잖아요. 이럴 때는 짜증은 걷어 내고 '진지함'을 넣어 주세요. "이건 매우 중요한 일이야."라고 일의 중요도를 높여 주는 거예요. 매우 침착하게 말이죠. 왜 중요한지 침착하고 진지하게 설명해 주세요.

딸아이가 처음 자전거를 배울 때였습니다. 균형을 잡지 못하고 넘어지는 아이를 보며 제 마음은 조마조마했습니다. 몇 번을 넘어졌는지 셀 수도 없었어요. 넘어지면서 아이가 당황하고 울음을 터뜨릴까 걱정하는 순간 뜻밖에도 아이는 툭툭 털고 일어나더라고요. "엄마, 이제 좀 감을 잡았어요. 페달에 두 발을 올릴 수 있을 것 같아요." 실패를 한껏 자랑하는 아이의 모습에 안도의 숨을 쉬었습니다.

실패는 본래 그렇게 반가운 손님이 아닙니다. 하지만 실패를 환영하는 곳도 있더군요. 그것도 매우 격하게 환영하는 곳이요. 바로 카이스트의 실패 연구소입니다. 이곳은 흔히 말하는 성공담 대신 실패담을 모으고 축하하는 곳으로 유명합니다. 성공 사례는 화려한 영광 뒤에 숨은 노력과 고민을 종종 가려 버리지만, 실패 사례는 우리에게 더 많은 것을 보여 줍니다. 실패 연구소에서는 매년 '실패 자랑 챌린지'를 열고 있습니다. 이 대회에서는 학생들이 자신의 실패 경험을 당당하게 이야기하고 그 속에서 얻은 교훈을 공유합니다. 놀랍게도 성공만 경험했을 것 같은 카이스트 학생들이 가장 값진 성장과 통찰을 얻었던 순간으로 성공이 아니라 실패의 순간을 꼽는다고 해요. 이 연구소를 만든 이광형 총장은 이렇게 말합니다. "실패는 성공으로 가는 필수 과정입니다. 실패가 없는 성공은 없습니다. 우리가 실패를 환영할 때 비로소 진정한 혁신과 창의가 탄생할 수 있습니다." 카이스트가 실패를 이토록 적극적으로 수용하는 이유는 간단합니다. 실패가 주는 가치를 명확히 알고 있기 때문이에요. 실제로 연구 결과, 실패를 편안히 받아들이는 태도를 지닌 사람일수록 창의적인 문제 해결 능력과 회복탄력성이 뛰어나다고 합니다.

부모가 함께 세우는
양육의 기준

"어릴 땐 실컷 놀게 해야 해." vs. "아니야, 어릴 때부터 공부하지 않으면 나중에 따라갈 수 없어."

"크면 다 철들고 알아서 해." vs. "그건 아니야. 습관은 어릴 때부터 들여야 해. 평생 가는 거니까."

"아이들은 꽃으로도 때리지 말랬잖아. 사랑만 줘도 잘 자라." vs. "그렇게 키우다간 큰일 나. 아이는 엄격하게 키워야 해."

이런 상황, 꽤 낯익지 않으세요? 아마 지금 이 글을 읽고 계신 분들 중에도 "아, 이거 우리 집 이야기네!" 하며 쓴웃음을 짓는 분이 계실 거예요. 서로 다른 양육관이 일상 곳곳에서 얼굴을 내미는 건 정말 자연스러운 일이거든요. 아빠는 아이가 땀에 흠뻑 젖도록 잘 놀고 있는 모습에 흐뭇하지만, 엄마는 숙제며 학습지를 미리 해 놓지 않으면 마음이 불편합니다. '노는 게 제일 좋아!'라며 뽀로로처럼 하루 종일 뛰노는 아이 앞에서 아빠는 관대하고 엄마는 까다롭다면 아이는 누구 말이 맞는지 혼란스럽기 마련입니다. 사실 이런 장면들이 반복되면 아이는 점점 영리해집니다. '아빠한테는 이렇게, 엄마한테는 저렇게' 하면서 부모 사이의 틈을 파고들 줄 알게 되거든요.

왜 이런 차이를 보일까요?

남편과 아내가 자녀를 대하는 방식이 다를 수밖에 없는 이유는 분명합니다. 자라 온 환경이 다르고, 경험한 부모의 모습이 다르고, 기억 속 사랑의 방식이 다르기 때문이죠. 자연스레 익숙한 방식이 옳은 방식이라고 믿게 됩니다. 형제 순서도 양육관에 영향을 미칩니다. 첫째로 자란 부모는 '책임'을 강조하고, 막내로 자란 부모는 '보호'를 우선할 수 있거든요. 남성과 여성이라는 문화적 틀, 아들과 딸, 남편과 아내라는 오래된 성 역할도 또 하나의 차이를 만들어 내고요. 친정 엄마와 딸 사이에도 이러한 갈등은 비껴가지 않습니다. 오랜 시간 아이를 키우며 쌓아 온 '노하우'를 가진 엄마는 "내가 너를 키워 보니까 말이지."로 조언을 시작합니다. 하지만 딸은 속으로 다짐하곤 하지요. "나는 내 아이를 적어도 나처럼은 키우지 않을 거야." 이렇게 서로 다른 기준이 충돌할 때 진짜 문제가 되는 건 '차이' 그 자체가 아닙니다. 자신의 방식만 옳다고 고집하거나, 아이가 부모 중 한 사람의 허락만을 받으려 들 때 문제가 시작되는 거죠. 하지만 이런 차이가 반드시 갈등이 될 필요는 없습니다. 오히려 서로 다른 관점이 아이에게 더 풍부한 경험을 줄 수 있다면 어떨까요?

실제로 아동발달학자들은 아이가 다양한 양육 스타일을 경험하는 것이 오히려 도움이 된다고 말합니다. 엄마의 세심함과 아빠의 대범함, 할머니의 따뜻함과 할아버지의 지혜가 조화롭게 어우러질 때 아이는 더 균형 잡힌 성격을 갖게 된다는 연구 결과도 있고요.

그렇다면 이런 차이를 어떻게 우리 가족만의 장점으로 만들어 갈 수 있을까요? 지금부터 부부가 함께 양육의 기준을 세워 가는 구체적인 방법들을 함께 살펴보겠습니다.

다를 때 얻는 것이 더 많다

너무 달라서 매번 싸우는 것 같은데 얻는 게 더 많다니요. 하지만 정말입니다. 실제로 양육관이 다른 부부들이 잘 조율해 나가는 가정의 아이들을 보면 놀라운 변화들을 발견할 수 있습니다.

서로 다르다는 이유로 갈등의 불씨가 번질 때 그 불편함은 생각보다 크고 날카롭습니다. 한 사람만 이기겠다는 마음으로 대화에 임한다면 결국 무엇이든 이겨 낼 수 있을지도 모르죠. 하지만 그 과정에서 놓치게 되는 건 보통 소중한 관계입니다. '내가 옳다, 그러니 너는 틀리다.' 이처럼 단순하고 명쾌한 이분법은 편하긴 하지만 자기중심적이고 때론 아주 편협합니다. '나는 편견 없는 사람이야.'라고 자신했던 분이라면 잠시 멈춰 생각해 보세요. 그 마음 안에도 흑백 논리가 숨어 있을 수 있으니까요.

아이러니하게도 다름은 좋은 것입니다. 아니, 더 정확히 말하자면 다름을 인정하는 태도가 우리를 더 좋은 방향으로 이끕니다. 부부 사이도, 부모와 자녀 사이도 서로 다른 사람이 만난 관계입니다. 처음부터 '우리는 다를 수밖에 없다.'라는 사실을 받아들이는 것이 변화의 시작점입니다. 물론 쉽지는 않습니다. 다름을 인정하려면 먼저 상대를 존중하는 마음이 바탕이 되어야 하거든요. 존중이 있어야 조율이 가능하고, 조율을 통해서만 진짜 합의가 이루어집니다. 아마도 그 과정은 생각처럼 순탄하지만은 않을 거예요. 목소리가 높아졌다가 다시 낮아졌다가 감정의 파도처럼 요동치기도 하겠지요. 그럴수록 더욱 의식적으로 목소리의 톤만큼은 일정하게 유지해 보세요. 진심은 말의 크기보다 말의 온도에서 전해지니까요. 놀라운 건 이렇게 조율하는 과정 속에서 뜻밖의 통찰이 피어난다는 점입니다.

서로의 다름을 마주하고 그 다름을 맞춰 가는 이 과정을 옆에서 지켜보는 아이는 어떤가요? 아이의 눈에 가장 먼저 들어오는 건 부모의 말이 아니라 태도입니다.

'다름에는 옳고 그름이 없구나.'

그걸 아이는 몸으로 배웁니다. 많이 놀아야 한다는 생각과 많이 공부시켜야 한다는 생각은 서로 반대는 아닐 수도 있습니다. '많이'

와 '빨리'라는 기준을 잠시 내려놓고 보면 놀면서 공부하는 길도 보입니다. '크면 다 하겠지.'와 '지금부터 습관을 들여야지.' 사이 그 중간 어딘가에서 우리는 아이가 지금 필요한 것을 알려 주고 천천히 익히게 도와줄 수 있습니다. 사랑으로만 키울 수도, 엄격하기만 해도 아이는 자랄 수 없습니다. 사랑이 필요한 순간과 단호함이 필요한 순간을 구분해 낼 줄 아는 지혜가 양육의 본질입니다. 두 극단이 아니라 두 마음 사이의 균형이 아이를 단단하게 키웁니다. 무엇보다 다시 돌아봐야 할 중요한 장면을 잊지 마세요. 지금 이 순간에도 아이는 엄마와 아빠가 갈등을 어떻게 해결해 나가는지 유심히 지켜보고 있다는 사실 말이죠. 아이에게 갈등이란 낯설고 피하고 싶은 일이 아닙니다. 부모가 서로 다른 의견을 조율해 나가는 모습을 통해 아이는 세상을 살아가는 방식을 익힙니다. 한 사람이 고집스럽게 목소리를 높이고 있는 장면은 아이의 마음속에 깊이 새겨집니다. 그러고는 학교에서 친구들과의 모둠 활동에서 이렇게 말하지요.

"내 말이 맞아. 맞다고 했잖아."

반대로 부모가 서로의 생각을 들으며 "넌 그렇게 생각하는구나. 난 이렇게 생각해. 우리 의견을 잘 합쳐 볼까?" 하는 모습을 보고 자란 아이는 다름을 갈등이 아니라 조화의 씨앗으로 인식하게 됩니다. 이런 아이, 참 멋지지 않나요?

아이 앞에서 배우자를 무시하지 말자

아이를 앞에 두고 배우자에게 날카로운 말을 던진 적이 있으신가요?
"너희 아빠 성격이 그래."
"네 엄마가 참 별나잖아."
이런 말들은 가볍게 툭 던져진다 해도 아이의 마음에는 묵직하게 박힙니다. 아이에게 부모는 한 팀입니다. 엄마도, 아빠도 나를 지켜주는 사람이어야 하니까요. 그런데 그 둘 중 하나가 반복해서 무시당하고 비난받는 모습을 본다면 어떨까요? 아이의 마음은 둘 중 하나를 '편들어야만 하는 싸움터'로 느끼게 됩니다.
"엄마 말이 맞는 것 같아······. 그런데 아빠도 속상할 텐데······."
혼란은 커지고 아이의 마음은 점점 안전하지 않은 공간에 갇히게 됩니다. 배우자에게 느끼는 불만은 누구에게나 있을 수 있지만 아이 앞에서 푸는 일은 삼가야 합니다. 아이에게는 감정을 해소할 능력도, 상황을 해결할 힘도 없거든요. 부모의 갈등을 지켜보는 아이는 스스로 무력한 조정자로 느끼며 불필요한 죄책감까지 떠안게 됩니다. 차라리 모두가 모인 자리에서 솔직한 마음을 나누는 편이 낫습니다. '가족회의'라는 형식을 빌리면 더욱 좋고요. 불만을 투정이 아닌 '안건'으로 올려놓고 모두가 참여하는 해결의 장을 만들어 보세요. 단 이때 가장 중요한 건 누구의 편을 드는 것이 아니라 중간 지점을 찾아가는 연습을 하는 것입니다. 예를 들어, 엄마는 숙제를 꼼꼼히 챙기고 싶어 하지만 아빠는 놀이를 더 중요하게 생각할 수도 있습니다. 이럴 때 "아빠는 틀렸고, 엄마가 맞지?"라는 식의 대화는 아이에게 편향된 시선을 심어 줍니다. 아이에게 '엄마의 방식과 아빠의 방식이 왜 다른지', '그 안에서 우리가 함께 어떤 약속을 만들 수 있을지' 물어봐 주세요. 아이도 어엿한 가족 구성원으로서 조율의 자리에 초대받는 경험을 할 수 있습니다. 이건 단지 의견을 묻는 게 아닙니다. '가정은 갈등이 생겨도 함께 풀어 나가는 곳'이라는 깊은 신뢰를 심어 주는 일이기도 하지요. 그리고 무엇보다 중요한 것은 존중하는 태도입니다. 서로를 존중한다는 건 아이가 타인을 대하는 방식의 기초가 되거든요. 존중은 사랑보다 먼저 배워야 할 관계의 기술입니다. 아이는 부모의 대화를 보며 존중이라는 말의 온도를 익히고, 부부 사이의 배려를 보며 언어 너머의 신뢰를 배웁니다. 배우자를 무시하지 않음으로써 아이에게 가르칠 수 있는 것은 생각보다 큽니다. 나와 생각이 달라도 그 사람의 입장을 들어줄 수 있는 힘, 다른 의견 속에서도 존중의 눈빛을 잃지 않는 태도 같은 것을 말이죠. 그런 아이는 자라서도 자기 사람을 함부로 깎아내리지 않을 것입니다. 친구를 험담하는 대신 이해하려 할 것이고, 갈등 앞에서도 평화롭게 길을 찾을 줄 알게 될 것입니다.

서로 받아들일 수 있는 한계를 정해 두자

부모가 서로 너무 다른 양육 방식을 고수할 때 가정은 조용한 전쟁터가 되기도 합니다. 사소한 일처럼 보이지만 아이에겐 세상을 이해하는 방식이 달라지는 문제이기도 하지요.

다음과 같은 장면을 상상해 보세요. 아이가 학교에서 돌아와 가방을 던져 두고 TV를 켜자 엄마가 말합니다. "숙제부터 해야지. 놀기 전에 할 일부터 끝내는 게 맞아." 그런데 아빠는 다른 생각이에요. "자기 전까지 알아서 할 텐데 너무 간섭하지 마. 학교에서 돌아온 지 얼마나 됐다고." 겉으로 보면 아빠는 관대하고, 엄마는 엄격해 보일 수 있습니다.

하지만 이건 성격의 문제가 아닙니다. 서로가 자라 온 집의 풍경, 어릴 적 부모에게서 들었던 말들, 좋은 부모란 이래야 한다고 믿어 온 기준이 다르기 때문입니다. 부부가 양육 방식에서 차이를 보이는 건 너무나 자연스러운 일입니다. 우리는 각각 다른 환경에서 자랐고 서로 다른 부모에게서 배웠거든요. 이럴 때는 누가 옳고 그르냐를 따지는 대신 서로 받아들일 수 있는 한계를 분명히 정하는 것이 필요해요. 여기서 한계란 양보할 수 없는 최소 기준을 말합니다. 아이의 안전, 건강, 학습의 기본 틀처럼 반드시 지켜야 하는 영역을 먼저 합의해 두세요. 예를 들어, '숙제는 저녁 9시 이전까지는 끝내야 한다.'처럼 구체적인 시각을 정하는 것도 한계를 미리 정해 두는 것에 해당합니다. 선을 분명히 그어 두면 불필요한 말다툼이 줄어들고 부모가 서로 다른 방식을 유지하더라도 기준은 흔들리지 않습니다. 한계를 정한다는 것은 단순히 규칙을 만드는 게 아닙니다. 서로 다른 두 사람이 아이를 위해 어떤 지점에서 만날 수 있는지 찾아가는 과정이에요. 마치 두 개의 원이 겹치는 부분을 찾는 것처럼 말이죠.

공부라는 작은 주제를 놓고도 부모는 각자의 기준에서 대화할 수 있습니다. "학원을 빠지면서까지 가족 여행을 가는 건 아니라고 봐. 빠진 부분 보충하느라 나중에 애만 힘들어질 거야.", "나는 학원 며칠 빠져도 길게 봐서는 아무 문제가 없다고 봐. 가족 여행이 아이에게는 더 값진 경험이야."

사실 둘 다 틀린 말은 아니죠. 어디에 더 가치를 두냐의 문제일 뿐입니다. 엄마는 곧 닥쳐올 진도와 숙제 때문에 걱정했을 것이고, 아빠는 가족 간의 단합과 어린 시절 추억의 소중함을 생각했을 거예요. 그 차이를 억지로 맞추려 애쓰기보다는 그 사이 어딘가에서 만나는 지점을 찾아보세요. 아이도 받아들일 수 있는 우리 가족만의 기준을 함께 만들어 보는 거예요. 갑작스러운 여행보다는 일정을 조절해 볼 수 있을 만큼 여유롭게 여행 계획을 잡는 융통성이 필요하겠죠.

이 과정에서 아이의 의견을 묻는 것도 중요합니다. "네 생각은 어때?" 하고 물으면, 의외로 현실적이고 성숙한 해법이 나오기도 합니다. 저희 집에도 비슷한 상황이 있었습니다. 남편은 서프라이즈라며 갑작스러운 여행을 계획했는데, 애들 학원 문제 때문에 그 서프라이즈 이벤트가 저는 참 달갑지 않더라고요. 선한 의도가 충분히 전해졌기에 더 이상 잔소리는 하지 않았어요. 대신 아이에게 의견을 물어보았죠.

"따로 보충 수업을 잡는 건 어려울 것 같아요. 선생님께 그날 수업 영상을 따로 보내 달라고 부탁할게요. 전에 결석한 친구에게도 그렇게 보내 주시는 거 봤어요. 여행 가는 길에 보면 될 것 같아요."
때로는 아이가 부모보다 더 어른스러운 아이디어를 제시하기도 하더라고요.

아이도 가족의 일원으로 존중받는 경험을 하게 될 때 규칙은 강요가 아니라 함께 만든 약속이 됩니다. 그리고 그 약속을 지켜 내는 일은 통제가 아니라 책임이 됩니다. 이런 대화 속에서 아이는 자연스럽게 민주적인 태도를 배웁니다. 모두의 입장을 듣고, 중간 지점을 찾고, 자신도 그 안에 포함되는 경험 같은 것이죠.

때로는 한계를 정하는 일이 불편할 수도 있어요. 자신의 기준을 조금 낮춰야 하거나 이해되지 않는 방식을 받아들여야 할 수도 있으니까요. 하지만 아이 앞에서 그렇게 다름을 마주하고 조율해 가는 모습은 무엇보다도 깊은 교육이 됩니다.

가정은 원래 서로 다른 사람들이 함께 살아가는 곳입니다. 그래서 더더욱 한계가 필요하고, 그 한계는 아이를 통제하기 위한 담장이 아니라 서로의 마음을 다치지 않게 지켜 주는 울타리가 되어야 합니다.

서로 동맹을 맺자

"아빠, 오늘 학원 안 가면 안 돼? 나 너무 피곤해. 근데 엄마는 무조건 가래. 아빠가 말 좀 해 줘." 아이의 이런 말을 듣는 순간 아빠의 마음은 두 갈래로 갈라집니다. 지금 당장 이 피곤해 보이는 우리 아이를 그냥 쉬게 해 줄지, 아니면 엄마와 함께 세운 계획을 밀어붙일지……. 정말 어려운 순간입니다.

아이들은 생각보다 영리합니다. 엄마와 아빠, 엄마와 할머니, 아빠와 외할아버지가 동일한 기준으로 움직이지 않는다는 걸 금세 눈치채죠. 그리고 그 틈 사이에서 허락해 줄 것 같은 사람을 향해 슬쩍 기대어 봅니다.

그 기대는 본능일 수도 있고, 경험에서 학습한 결과일 수도 있습니다. 하지만 엄마와 아빠가 늘 다른 이야기를 한다면 아이의 마음속에는 점점 '틈'이 생겨요. 그 틈은 결국 선택의 문제가 아닌 신뢰의 문제로 번져 갑니다. "누구 말을 따라야 하지?"가 아니라 "엄마, 아빠는 왜 항상 다를까?"라는 의문으로 남게 되지요. 부모가 좋든 싫든 동맹을 맺어야 하는 이유입니다. 여기서 말하는 동맹은 '편들기'가 아닙니다. 엄마 편이 되거나 아빠 편이 되는 게 아니라 아이 앞에서는 하나의 목소리를 내는 것이 바로 건강한 동맹의 핵심입니다. 물론 부모도 사람이니까 생각이 다를 수 있어요. 하지만 그 차이를 아이 앞에서 드러내는 순간 아이의 세계는 안정감을 잃게 됩니다. 엄마는 학원을 강조하고 아빠는 쉬어도 된다고 하면 아이의 선택은 필요가 아닌 욕구에 따라 움직이게 되거든요.

"이번엔 아빠가 나를 도와줬어. 다음엔 할머니에게 가야지."

이런 방식으로 반복되는 허락받기는 아이를 더욱 혼란스럽게 만들 뿐입니다. 그렇다고 해서 한 사람이 무조건 참거나 억지로 맞춰야 한다는 말은 아닙니다. 단지 그 자리에서 아이 앞에서만큼은 서로를 부정하지 않는 것이야말로 건강한 동맹의 시작입니다.

만약 남편이 아이를 너무 세게 혼내고 있다면요? 그 자리를 당장 수습하려고 덮어씌우거나 아이 편을 들어 반박하지 마세요. 할머니가 아이의 잘못을 덮어 주고 있다면요? 그 자리에서 정색하며 옳고 그름을 따지기보단 아이의 눈이 닿지 않는 곳에서 조용히 말하세요. 때로는 잠시 그 자리를 벗어나는 것도 하나의 지혜입니다. '당장은 침묵하고, 나중에 조율하는 것.' 그게 때로는 아이를 위한 가장 성숙한 선택이기도 합니다.

논쟁이 생기면 조금 비켜서자

아이를 키우다 보면 참 많은 순간들이 우리를 당황스럽게 만들어요. 특히 배우자나 조부모가 우리와는 전혀 다른 방식으로 아이에게 반응할 때면 마음 한편이 뜨끔하면서도 '저건 좀 아닌 것 같은데…….'와 같은 생각이 목 끝까지 올라오곤 하죠.

친한 언니가 이런 하소연을 털어놓았어요. 잠시 아이를 시어머니께 맡겨 놓고 볼일을 보고 왔는데, 그날 밤 아이가 잠들기 전 뜬금없이 "엄마는 나 미워해?"라고 묻더래요. 왜 갑자기 그런 말을 하느냐고 되물으니 "할머니가 그러는데, 내가 떼쟁이라서 엄마가 나 미워서 나간 거래."라고 하더랍니다.

그 순간 언니는 깜짝 놀라면서도 아이 앞에서 할머니를 난처하게 만들 수는 없어서 "그게 아니야, 할머니가 잘못 말씀하신 거야."라며 한참 동안 아이를 달래야 했대요.

나중에 시어머니께 전화해서 자초지종을 들어보니, 하도 편식이 심하고 먹고 싶은 것만 달라고 해서 버릇을 고치려고 그렇게 말씀하신 거였대요. 나름 손자를 위한 마음이었던 거죠. 하지만 언니는 마음속으로 '아이에게 그런 식으로 말씀하시면 안 되는데.'라는 생각을 했다고 합니다.

이런 경험, 여러분도 한 번쯤은 해 보셨을 거예요. 아이를 사랑하는 마음은 똑같은데 표현하는 방식이나 기준이 다를 때 생기는 그

미묘하고도 답답한 갈등 말이에요. 아마 그 순간 언니의 머릿속에는 수많은 생각들이 스쳐 지나갔을 거예요. '지금 당장 시어머니께 말씀드려야 하나?', '아이가 혼란스러워하면 어떡하지?', '괜히 말 꺼냈다가 시어머니 기분이 상하시면 어떡하지?'

사실 우리가 그런 순간에 즉시 반박하고 싶어지는 건 너무나 자연스러운 반응입니다. 내 아이를 지키고 싶은 본능적인 마음이거든요. 아동심리학자 다이애나 바움린드 Diana Baumrind의 연구에 따르면, 부모는 자신만의 양육 철학이 위협받는다고 느낄 때 방어적 반응을 보인다고 합니다. 하지만 그 순간의 감정을 그대로 표출하면 어떤 일이 벌어질까요? 아이는 어른들이 자신 때문에 싸우는 모습을 보게 되고 혼란스러워해요. '내가 뭘 잘못했지?', '엄마랑 할머니 중에 누구 말이 맞는 거지?'라는 생각에 빠지게 되죠.

서로 다른 생각을 가진 어른들이 함께 아이를 키운다는 건 어쩌면 다름이라는 풍경 속에서 끊임없이 길을 찾는 일일지도 모르겠어요. 하지만 그 다름을 아이 앞에서 곧장 부딪히는 방식으로 풀어내면 아이에게 남는 건 조율이 아닌 충돌의 기억뿐입니다. 그래서 때로는 조금 비켜서는 용기가 필요해요. 그 상황에 바로 반응하는 대신 한 박자 쉬어 보는 것이죠. 아이의 눈이 닿지 않는 시간과 공간에서 조심스럽게 말을 꺼내 보는 겁니다.

"이야기 나눌 수 있을까요? 제가 조심스럽게 드릴 말씀이 있어서요."

이 짧은 문장 안에는 존중이 담겨 있습니다. '당신이 틀렸다.'가 아니라 '나는 다르게 느꼈다.'라고 말할 준비를 하는 순간입니다. 비슷한 상황에서 앞으로 어떻게 반응할지, 우리 둘은 어떤 기준을 함께 세워야 할지 차분한 대화의 자리에서 다시 조율하는 것이야말로 진짜 동맹이죠.

양육은 언제나 감정이 깃든 일이기에 사랑을 말하다가 지시가 되고, 걱정을 전하다가 비난이 되기 쉽습니다. 그럴 때마다 우리는 잠시 멈춰 서야 합니다. 내가 지금 아이를 향해 내던진 말이 '사랑의 방식'인지, '스트레스의 배출구'인지 돌아보는 거예요.

특히 부부 사이가 어긋나기 시작하면 그 갈등의 화살이 가장 약한 곳, 바로 아이에게 향하기 쉽습니다. "아빠처럼 되지 마라!", "엄마 말 안 들으면 아빠한테 혼난다." 같은 말들이 무의식중에 튀어나오곤 하죠.

그래서 더더욱 점검해야 합니다. 나는 지금 건강한지, 우리 부부는 지금 평화로운지를요. 아이를 잘 키우는 일은 결국 나를 잘 돌보는 일에서 시작되고 서로를 다정하게 대하는 일로 이어집니다.

6

부모의 감정 회복 돌보기

지금까지 우리는 교육에 대한 단단한 기준과 방법들을 살펴봤지만, 이 모든 것을 실행하는 건 결국 부모입니다. 부모가 감정적으로 안정되어야 아이도 비로소 안정될 수 있거든요.

1장에서 살펴본 것처럼 우리를 흔들리게 만드는 사회적 구조는 여전합니다. IMF 세대의 불안, 끝나지 않는 학벌주의, 조기 교육 경쟁, 학군지라는 이름이 주는 압박감까지 개인이 바꾸기에는 너무 거대한 흐름이지요. 이 거대한 흐름 속에서 부모는 하루에도 몇 번씩 마음이 요동칩니다.

아이의 시험 결과를 보며 가슴이 철렁 내려앉는 순간, 다른 아이 이야기에 괜히 조급해지는 마음, 감정적으로 아이에게 소리를 지르고 나서 깊은 밤 혼자 후회하는 시간. 그럴 때마다 '좋은 부모가 되고 싶은데 왜 이렇게 흔들릴까?', '내가 이러고 있으면 아이에게도 안 좋은 영향을 미치는 건 아닐까?'라는 자책이 스며듭니다.

이런 감정들은 개인의 문제일까요? 사회가 만든 불안 구조 속에서 부모가 흔들리는 건 너무나 당연한 일입니다. 중요한 것은 이 감정들을 어떻게 다루느냐에 있습니다.

이번 장에서는 불안을 조장하는 사회 속에서도 흔들리지 않는 부모가 되는 법을 함께 살펴보겠습니다. 먼저 교육 불안 앞에서 우리가 보이는 다양한 반응들을 객관적으로 들여다볼 거예요. 그다음 우리도 모르게 빠지기 쉬운 감정의 악순환을 어떻게 끊을 수 있는지, 경쟁 사회 속에서도 아이와 진정으로 연결되는 대화법은 무엇인지 구체적으로 알아보겠습니다.

무엇보다 자책하는 마음을 어떻게 위로하고 돌볼 수 있을지, 그리고 이 모든 교육 불안을 오히려 우리 가족에게 도움이 되는 건설적인 에너지로 바꾸는 방법까지 함께 모색해 볼 예정입니다. 사회가 우리를 이렇게 만든다면 우리는 그래도 다르게 살 수 있다고 답하는 거죠. 이것은 개인의 문제가 아닌 현명한 부모들의 조용한 저항입니다.

결국 좋은 교육의 출발점은 방법이 아니라 마음입니다. 부모가 감정적으로 안정되고 중심이 서 있을 때 아이도 그 든든함을 느끼며 자신만의 속도로 건강하게 성장합니다.

지금부터는 부모인 나를 돌보는 시간입니다. 완벽한 부모가 되려 애쓰지 말고 이 불안한 사회 속에서도 충분히 좋은 부모가 되어가는 여정을 함께 걸어 보겠습니다.

교육 불안에 반응하는 부모의 다섯 가지 유형

　7세 고시, 선행 학습, 끝없는 사교육 경쟁……. 이런 단어들을 들으면 가슴이 답답해지고 괜히 조급해집니다. 분명 내 아이의 행복이 가장 소중하다고 생각했는데 어느새 다른 아이와 비교하며 조바심 내는 모습을 발견하게 됩니다.

　"수진이는 벌써 한글을 다 뗐다는데.", "민재는 영어 유치원 다닌다던데." "지윤이는 벌써 고등 수학을 한다는데." 이런 소문들이 들려올 때마다 마음 한구석이 불안해지고 때로는 죄책감까지 몰려오는 건 어쩔 수 없는 일입니다. 그런데 정말 신기한 건 이런 복잡한 감정들 앞에서 부모들의 반응이 저마다 다르다는 겁니다. 어떤 부모는 불안을 행동으로 쏟아 내거나 속으로만 끙끙 앓는 부모가 있는가 하면, 애써 모른 척하거나 아예 감정 자체를 차단해 버리는 경우도 있습니다. 어떤 부모는 아이 교육에 온 신경을 쏟으며 발 빠르게 움직이고, "남들도 다 하니까!"라며 조용히 따라가는 부모도 있죠. 반대로 "우리는 달라!"라며 애써 무관심한 척하거나, "알아서 하겠지!" 하며 아예 손을 놓는 경우도 있습니다. 이런 다양한 반응들을 자세히 들여다보면 크게 다섯 가지 패턴으로 나눌 수 있습니다.

내가 해 주지 않으면 안 돼_개입형

"남들보다 뒤처질까 봐 너무 불안해요."

이런 마음이 강한 부모들은 아이의 학습과 일상 모든 것에 깊숙이 관여합니다. 사교육 스케줄을 짜고, 선행 학습 진도를 체크 하고, 각종 시험 일정을 관리하죠. 마치 아이의 교육 매니저가 된 것처럼 바쁘게 움직입니다.

'우리 아이 수학이 좀 약한 것 같아서 개념을 봐 주는 학원 한 군데를 더 알아봐야겠어', '영어도 뒤처지면 안 되니까 원어민 수업도 추가해야지.' 이런 생각들이 꼬리에 꼬리를 물고 이어지다 보면 어느새 아이의 하루 일정이 어른 못지않게 빡빡해집니다. "다른 애들은 다 하는데 우리만 안 할 수는 없잖아요."라며 매일 학원 시간에 맞춰 분주하게 움직입니다. 아이가 피곤해하는 모습을 보면서도 "지금 고생하면 나중에 편해질 거야!"라고 스스로 다독이죠.

계획대로 하면 성공할 거야_ 설계형

"입시까지 로드맵을 그려 놨어요."

이 유형의 부모들은 아이 교육을 마치 프로젝트처럼 관리합니다. 목표 대학, 필요한 스펙, 거쳐야 할 단계들을 치밀하게 계획하고 그 계획에 맞춰 아이를 이끌어 갑니다.

"초등학교 때는 기초를 다지고, 중학교 때는 내신을 준비하고, 고등학교 때는……." 이런 식으로 장기 플랜이 머릿속에 그려져 있어요. 유명 학원 정보도 빠삭하고 입시 트렌드도 놓치지 않죠. 초등 저학년 아이를 둔 엄마들도 벌써 대학 입시 설명회에 참석해서 정보를 수집하고 있기도 하지요. 엑셀 파일로 아이의 성적 추이를 관리하고 월별 목표도 세워 놓고요. 혹시 계획대로 안 되더라도 "그래도 시도해 봤으니까 다행이야!" 하며 금세 다른 대안을 찾아냅니다. 이런 부모들은 정말 열정적이고 추진력도 강합니다. 하지만 때로는 아이의 현재 감정이나 속도보다는 미래의 성과에만 집중하게 되기 쉽습니다.

남들도 다 하니까_ 동조형

"맘카페에서 보니까 요즘 다들 그렇게 한다던데."

이런 부모들은 주변 분위기에 민감하게 반응합니다. 맘카페 글을 보고, 이웃 엄마 이야기를 듣고, 친구 조언을 받으며 교육 방향을 정하죠. '다들 7세에 한글 떼니까 우리도', '영어 유치원이 대세라니까 알아봐야지' 하는 식으로요. 이런 부모들은 나름대로는 아이를 위한다고 생각하지만, 사실은 '남들과 다르면 어떡하지?'라는 불안이 더 클 때가 많습니다. 교육에 대한 뚜렷한 철학보다는 집단의 흐름에 편승하는 경향이 강하죠. 겉으로는 평범해 보이지만 속으로는 끊임없이 다른 사람과 비교하며 조바심을 낼 수 있어요. 아이의 개별적인 필요보다는 '우리 아이만 뒤처지면 안 돼.'라는 마음이 앞서기 쉽습니다.

알아서 잘하겠지_ 방임형

"너무 어릴 때부터 스트레스 주고 싶지 않아요."

이 유형의 부모들은 교육 경쟁이나 조기 교육에 큰 관심을 두지 않아요. '아이는 놀면서 자라야 해.', '자연스럽게 클 거야!' 하며 여유로운 태도를 보입니다. 한편으로는 아이의 자율성을 존중해서 그런 경우도 있지만, 다른 한편으로는 복잡한 교육 정보를 파악하기 어렵거나 관심이 부족해서인 경우도 있습니다. 아이들이 자유롭게 클 수 있다는 장점이 있지만, 때로는 부모의 관심과 기대 부족으로 인해 아이 스스로 '내가 잘하고 있는 건가?' 하는 불안을 느낄 수도 있습니다. 적절한 관심과 격려가 필요한 순간에도 "알아서 해!"라는 피드백을 듣게 되기도 하거든요.

너의 속도에 맞춰 갈게_ 지지형

"힘들면 언제든 얘기해, 함께 방법을 찾아보자."

이 유형의 부모들은 경쟁과 속도보다는 아이의 발달 단계와 감정을 먼저 살펴봅니다. '우리 아이는 어떤 게 필요할까?', '지금 무엇을 힘들어하고 있을까?' 이런 질문들을 던지며 아이와 충분히 대화하죠. 물론 이 유형의 부모들도 교육 현실을 모르는 건 아닙니다. 다만 '남들이 다 하니까!'가 아니라 '우리 아이에게 정말 필요한가?'를 기준으로 판단합니다. 아이가 흥미를 보이고 즐거워한다면 지원하고 힘들어한다면 속도를 조절하거나 방법을 바꿔 보죠.

물고기를 잡아 주는 것보다 잡는 법을 가르치자는 마음으로 아이가 스스로 선택하고 도전할 수 있도록 옆에서 응원합니다. 실패해도 "괜찮아, 다음에 또 해 보자!" 하며 따뜻하게 격려하죠.

나는 어떤 유형에 가까울까?

사실 현실에서는 이 다섯 가지가 뚜렷하게 나뉘지 않습니다. 평소에는 지지형으로 지내다가도 학부모 모임에서 다른 아이들 이야기를 듣고 나면 갑자기 동조형으로 변하기도 하거든요. 어제까지는 설계형으로 치밀하게 계획을 세워 놨는데, 아이가 스트레스받는 모습을 보면 "에이, 공부가 다가 아니야!"라며 180도 달라지기도 합니다. 그러니까 "나는 과잉 개입형이야!"라고 딱 잘라 말하기보다는 "요즘 나는 어떤 모습에 가까운가?"를 돌아보는 게 좋을 것 같아요. 중요한 건 어떤 반응이든 그 뒤에는 '아이를 사랑하는 마음'이 있다는 거예요. 다만 그 사랑이 때로는 불안으로 포장되기도 하고, 조급함으로 나타나기도 하고, 무관심해 보이기도 한다는 거죠.

사실 어떤 유형이든 좋은 점과 조심해야 할 점이 있습니다. 개입형 부모의 적극성도 소중하고, 설계형 부모의 치밀함도 필요하고, 동조형 부모의 사회적 감각도 도움이 되거든요. 방임형 부모의 여유로움도 아이에게는 안정감을 주고, 지지형 부모의 따뜻함도 물론 좋은 거고요.

다만 각 유형이 극단으로 치우칠 때 문제가 됩니다. 그럴 때는 어떻게 중심을 잡을 수 있을까요?

불안에서 지지로 가는 작은 실천법

개입형 부모라면 부모의 손길이 닿지 않는 순간 아이가 당황할 수 있다는 점을 기억하세요. 매주 하루, 또는 하루 중 일부 시간을 '다운타임'으로 만들어 주세요. 학원도 숙제도 없는 시간에 아이가 스스로 하고 싶은 것을 선택하게 하는 거예요. 처음엔 무료해할 수 있지만, 부모의 개입 없이 자신만의 시간을 보내며 자율성을 기를 수 있습니다. 대화 방식도 바꿔 보세요. "숙제부터 해!"라고 지시하는 대신 "뭐부터 할 거야?"라고 물어보는 거예요. 부모가 챙기는 리스트 중 한 가지는 아이에게 맡기고, 결과에 대해 지적하지 않고 "네가 알아서 해 줘서 고마워!"라고 말해 보세요.

설계형 부모는 목표에만 집중하다 보면 아이가 느끼는 부담을 '진행 지연'으로만 해석하게 됩니다. 하루쯤은 '플랜 B 없는 하루'를 만들어 보세요. 목표도 진도도 정하지 않고 아이가 하고 싶어 하는 주제를 마음껏 탐구하게 하는 거예요. "이걸 배우면 나중에 도움이 될 거야!"도 좋지만 가끔은 지금 이 순간에 대한 감정도 나눠 보는 거죠. 계획표에 '아이의 의견 듣기' 항목을 추가해서 실제로 아이가 원하는 활동이나 휴식도 일정에 반영하세요. 계획이 어긋났을 때 "왜 못 했니?" 대신 "어떤 점이 힘들었니?"라고 물어보고 대안을 아이와 함께 찾는 연습을 해 보세요.

동조형 부모는 결정의 기준이 '우리 아이'가 아니라 '남들'이 되면서 만족과 후회가 늘 같은 폭으로 오가게 됩니다. 앞서 제안한 정보 다이어트를 시작해 보세요. 최소 한 가지는 '남들과 달라도 괜찮다.'라는 경험을 아이와 함께 해 보는 거예요. 남들은 다 하는 학원을 쉬어 보거나, 남다른 취미를 시작하는 식으로요. 이런 경험이 쌓이면 우리 아이만의 특별함을 발견하게 됩니다.

방임형 부모는 지속적인 무관심이 아이에게 '나는 중요하지 않다.'라는 메시지를 줄 수 있다는 점을 주의해야 합니다. 아이의 작은 목표에 '진행 질문'만 던져 보는 것만으로도 충분할 수 있어요. "언제까지 할 계획이야?", "어떻게 하면 좋을까?" 정도만 물어보고 결과는 존중하는 거예요. 아이가 교육적으로 고민하거나 궁금해하는 부분이 있다면 "궁금한 게 있으면 언제든 물어봐."라고 먼저 말해 주고, 실제로 질문하면 바로 반응해 주세요.

지지형 부모는 이미 아이의 감정과 속도를 잘 조율하고 있습니다. 다만 가끔 '이래도 되는 걸까?'라는 불안이 올라올 수 있죠. 다른 아이들이 앞서 나가는 것 같을 때 '우리만 너무 여유로운 건 아닐까?'라는 생각이 드는 거예요. 이럴 때일수록 아이와의 관계에서 느끼는 안정감과 신뢰를 믿어 보세요. 그것이 바로 다른 어떤 선행학습보다 소중한 토대가 되고 있는 거니까요.

교육 불안이 만든
감정의 악순환 끊기

아이의 망한 시험지를 보게 된다면 어떤 감정이 먼저 올라오나요? 시험 결과를 보는 순간 가슴이 철렁 내려앉고 무의식적으로 한숨이 나오는 분도 계실 거예요. 이때 아이는 엄마의 한숨 소리를 듣고 '엄마가 실망했구나!' 하는 마음으로 고개를 떨구고, 그런 아이를 보면 마음이 더 무거워져서 또다시 한숨이 나옵니다. 또는 이런 상황에서는 어떤 감정이 올라올까요? 학교 앞에서 만난 친구 엄마가 "자기 애는 이번에 시험 잘 쳤어? 우리 애는 뭐, 엄청 잘하지는 못했어. 반에서 1등이 뭐 잘하는 거라 할 수 있겠어?"라는 말을 들었을 때 말이죠. 은근슬쩍 자랑하는 그 말 끝에 '우리 아이는 어쩌지?' 하는 불안이 밀려올 수도 있을 거예요. 집에 와서도 그 생각이 머릿속을 떠나지 않다가 결국 아이에게 "너 좀 더 열심히 해야겠다."라는 말이 툭 튀어나오게 되죠.

우리가 빠지기 쉬운 감정의 덫

1단계: 정보 폭격

단톡방, 학교 앞 대화, SNS 육아 계정까지 끊임없이 들려오는 다른 아이들 소식을 무분별하게 보고 듣게 됩니다. "벌써 중국어까지 하고 있대.", "수학 선행 2년 나갔다더라.", "영재 교육원 합격했대."

2단계: 불안 증폭

'우리 아이는 뒤처지는 건 아닐까? 이대로 괜찮을까?' 머릿속에서 비교가 시작되고 가슴이 답답해집니다.

3단계: 아이에게 전달

"요즘 공부는 어때?", "너도 좀 더 열심히 해야지", "다른 애들은 벌써……."

4단계: 관계 악화

아이는 위축되거나 반발하고 부모는 더 답답해합니다. 결국 대화는 줄어들고 갈등은 늘어납니다.

5단계: 다시 1단계

결국 더 많은 정보를 찾게 되고, 더 불안해하고, 더 많이 간섭하게 됩니다.

이런 순간들이 반복되면 부모와 아이 모두 지치게 됩니다. 이런 악순환은 과연 어떻게 하면 끊을 수 있을까요? 다행히 이 악순환에는 빠져나올 수 있는 네 번의 소중한 기회가 있습니다. 각 단계에서 조금만 다르게 반응한다면 충분히 달라질 수 있답니다. 완벽한 부모가 되려는 것이 아니라 그저 한 번에 하나씩 작은 변화를 만들어 가는 거예요.

악순환을 끊을 수 있는 네 번의 기회

정보를 받아들이는 순간

"그냥 안 들으면 되잖아요?"라고 생각하기 쉽지 않습니다. 정보는 생존 본능과 연결되어 있거든요. 대신 이렇게 해 볼 수 있습니다.

한 박자 쉬며 '이 정보가 우리에게 정말 필요한가?' 생각하는 겁니다.

마음이 조급해지는 정보를 들었을 때 집에 와서 바로 아이와 이야기하지 말고 하루 정도 시간을 두세요. 그 시간 동안 이게 정말 우리 아이에게 필요한 일인지 생각해 보는 거예요.

감정이 올라오는 순간

불안하면 불안한 거예요. 억지로 "괜찮아, 괜찮아!" 하며 덮으려 하면 오히려 불안이 더 커집니다. 불안감이나 조급함이 치밀어 오를 때 그 감정을 억누르려 하지 마세요. 대신 인정해 보세요.

감정을 인정하며 '지금 내가 불안하구나, 그럴 수 있어.' 하고 생각하는 겁니다.

불안감이 밀려올 때는 화장실이나 방에 잠깐 들어가서 지금 내 마음이 어떤 상태인지 체크해 보세요. 그리고 감정에 구체적인 이름을 붙여 보세요. 조급함, 걱정, 두려움 등 이름을 붙이고 나면 감정과 한 발짝 떨어져서 바라볼 수 있게 돼요.

아이와 상호 작용하는 순간

아이에게 뭔가 말하기 전에 잠깐 멈춰 보세요.

'내 감정과 아이에게 할 말을 분리하자!'

아이와 이야기하기 전에 거울을 보며 '지금 내 표정이 어떤가? 내가 전달하고 싶은 진짜 메시지는 뭐지?'라고 물어보세요. 그러러 나서 아이에게 가세요. "오늘 학교에서 재미있는 일 있었어?", "점심은 맛있었어?", "친구들이랑 뭐 하고 놀았어?" 그리고 즉각적인 충고 대신 아이의 이야기를 먼저 들어주는 여유를 가져 보세요. 공부 얘기를 아예 안 할 수는 없습니다. 다만 타이밍과 방식을 바꿔 볼 수 있어요. 아이가 편안할 때 아이 속도에 맞춰서요.

악순환을 깨닫는 순간

'아, 또 이러고 있네!'를 깨달았다면 그 순간이 바로 기회입니다.

"아까 엄마가 너무 예민했네. 미안해. 엄마도 어떻게 해야 할지 잘 모르겠어."

완벽한 부모는 없어요. 중요한 건 깨닫는 순간 다시 시작하는 거예요. 아이에게도 솔직하게 말해 보세요.

실제로 아이들은 부모가 감정적으로 안정될 때 더 잘 배웁니다. 스트레스가 줄어들면 집중력도 좋아지고 새로운 것을 시도하려는 의욕도 생기거든요. 한 연구에 따르면, 부모의 스트레스가 줄어들면 아이의 학습 능력이 평균 15퍼센트 향상된다고 합니다. 우리가 마음의 평화를 찾는 것이 결국 아이에게도 가장 큰 도움이 되는 거죠.

교육 불안이 가득한 사회에서 완전히 흔들리지 않는 부모는 없습니다. 저도 그렇고, 주변의 모든 엄마, 아빠들도 마찬가지예요. 중요한 건 흔들릴 때마다 다시 중심을 찾는 것, 악순환을 깨닫고 선순환으로 바꿔 나가는 거예요. 그런 모습을 아이에게 보여 주는 것 자체가 가장 소중한 교육이 될 거예요.

"엄마, 아빠도 실수하고 배워 가는구나. 그래도 늘 나를 사랑해 주시는구나."

아이가 이렇게 느낄 수 있다면 우리는 이미 충분히 좋은 부모예요.

- Shilshtein, E., Margalit, M., & Steinberg, Y. (2024). The Parent-School Relationship, Resilience and Parental Stress. Contemporary School Psychology.

아이와의 대화에서
내 감정 섞지 않기

"수학 숙제 다 했어?"

어제도, 그제도 했던 똑같은 질문이었습니다. 하지만 이상하게도 아이의 표정이 달랐습니다. 어제는 "이제 시작하려고요." 하며 씩씩하게 대답하던 아이가 오늘은 왠지 불쾌한 듯 반응하더라고요. 이유는 저에게 있었습니다. 같은 질문이었지만 제가 던지는 마음이 달랐기 때문이었어요. 평상시엔 단순한 관심이었다면 그날은 불안과 조바심이 섞여 있었거든요. '혹시 또 미뤘을까?', '왜 자꾸 시켜야만 하는 걸까?' 하는 걱정들이 목소리 톤과 표정에 고스란히 드러났던 거예요. 아이들은 정말 예민합니다. 우리가 무슨 말을 하는지보다 어떤 마음으로 말하는지 더 잘 느끼거든요.

감정이 섞인 대화에는 또 다른 메시지가 있다

솔직히 말해 볼게요. 아이와 대화할 때 완전히 중립적인 마음을 유지한다는 것은 정말 어려운 일입니다. 우리는 부모이기 전에 한 사람의 인간이고, 아이를 사랑하기 때문에 더 많은 걱정과 불안을 안고 살아가거든요. 아이와 나누는 대화 속에는 때로 우리도 모르게 감정이 스며들어요. 그런데 이 감정이 섞인 대화는 진짜 소통과는 거리가 멀어요.

답정너 질문_ 답은 이미 정해져 있으니 너는 대답만 하면 돼

"또 게임했지?" → 이미 게임했다고 단정함

"공부는 안 하고 뭐했어?" → 공부 안 했다고 단정함

"친구들이랑 또 놀기만 했어?" → 놀았다고 단정함

이런 질문을 받은 아이는 어떤 기분일까요? 뭘 대답해도 혼날 것 같아서 위축되거나 아예 대화를 피하려고 할 거예요. 질문의 형태를 띠고 있지만 실제로는 비난에 가까우니까요.

감정 해소 질문_ 부모 내 걱정을 아이에게 확인받고 싶을 때

"너 요즘 공부 안 하는 것 같은데 맞지?"

이런 질문의 진짜 목적을 들여다보면 아이의 상황을 정확히 파악하려는 게 아니라 우리 마음속 불안감을 확인받고 싶어 하는 마음입니다. 아이를 위한 질문이라기보다는 내 걱정을 달래려는 질문인 셈이죠.

답을 가로채는 질문_ 아이의 대답을 삼켜 버리는 순간

가장 안타까운 건 아이의 말을 제대로 기다리지 않는 순간들입니다.

"시험 어땠어?" → "그냥요." → "그냥이 뭐야, 또 못했구나!"

아이가 충분히 자신의 이야기를 꺼낼 기회도 주지 않고 성급하게 결론을 내려 버립니다. 이런 경험이 반복되면 아이는 점점 말하려는 의욕을 잃게 됩니다. 어차피 내 말을 끝까지 들어주지도 않을 텐데 무슨 소용이 있겠어요?

감정을 다스리는 5단계 대화법

아이와 대화하기 전에 내 마음부터 정리하는 것이 무엇보다 중요합니다. 화가 나거나 불안한 상태에서 시작한 대화는 십중팔구 아이에게 상처를 주고 끝나 거든요. 그렇다면 어떻게 해야 감정을 조절하고 효과적인 대화를 시작할 수 있을까요?

사실 우리도 일상에서 비슷한 경험을 합니다. 친구와 어려운 이야기를 나눠야 할 때, 직장에서 중요한 회의를 앞두고 있을 때 마음을 정리하고 준비하는 시간을 갖잖아요. 아이와의 대화도 마찬가지입니다. 특별한 기술이 필요한 건 아닙니다. 30초에서 1분 정도만 내 마음을 들여다보는 시간을 가져 보세요. 그것만으로도 놀라운 변화를 경험할 수 있어요.

감정에 이름 붙이기

'지금 내가 불안해하고 있구나.'
'화가 나고 있어.'
'실망스러워.'

가장 먼저 할 일은 자신의 감정 상태를 점검하는 것입니다. 막연한 '기분 나쁨'보다는 구체적인 감정을 파악해야 그 감정에 휘둘리지 않을 수 있거든요.

감정 수용하기

'이런 감정이 드는 게 자연스러워.'
'아이를 사랑하니까 걱정되는 거야.'

상담에서는 내담자의 감정을 판단하지 않고 있는 그대로 받아들입니다. 마찬가지로 부모인 내 감정도 나쁘다고 판단하지 말고 자연스러운 반응으로 받아들여 주세요.

목적 확인하기

'이 대화의 진짜 목적은 뭐지?' → 아이를 이해하기 위해서
'내 불안을 달래려는 걸까, 아이를 도우려는 걸까?'

잠깐만 멈춰서 대화의 진짜 목적을 생각해 보세요. 이것만으로도 대화의 방향이 완전히 달라져요.

톤 조절하기

'어떤 목소리로 말하면 아이가 편안해할까?'

깊게 숨을 들이쉬고, 목소리 톤을 의식적으로 낮춰 보세요.
목소리를 한 톤 낮춰서 낮은 목소리로 천천히 말해 보세요.

대화하기

'그럼 이제 따뜻한 마음으로 이야기해 보자.'

이제 준비가 끝났어요. 아이를 진심으로 이해하려는 마음으로 대화를 시작해 보세요.

자, 그럼 이제 일상에서 적용해 봅시다.

- **시험 점수가 예상보다 낮았을 때**
  ① **감정에 이름 붙이기**: '아, 지금 내가 실망하고 불안해하고 있구나!'
  ② **감정 수용하기**: '아이 교육에 관심이 많으니까 이런 마음이 드는 게 당연해.'
  ③ **목적 확인하기**: '혼내려는 게 아니라 아이가 어려워하는 부분을 도와주려는 거야.'

④ **톤 조절하기:** (깊은 호흡 후) '따뜻하고 차분한 목소리로 말하자!'

⑤ **대화하기**

부모: 시험 어땠어? (평온하고 따뜻한 목소리)

아이: 음. 그냥……

부모: 문제가 무난하게 풀린 편이야, 아니면 어려운 문제들이 눈에 띄었어?

아이: 좀 어려웠어요.

부모: 어떤 부분이 특히 어려웠어?

아이: 서술형을 어떻게 적어야 할지 감이 안 왔어요.

부모: 그렇구나. 문장제를 어떻게 하면 더 쉽게 풀 수 있을까?

- **약속 시간 안에 숙제를 하지 않았을 때**

① **감정에 이름 붙이기:** 지금 내가 짜증나고 답답해하고 있어.

② **감정 수용하기:** 약속을 중요하게 생각하니까 이런 감정이 드는 거야.

③ **목적 확인하기:** 아이를 혼내려는 게 아니라 시간 관리를 도와주려는 거야.

④ **톤 조절하기:** (깊은 호흡 후) 차분하고 이해하려는 목소리로 말하자!

⑤ **대화하기**

부모: 7시까지 숙제 다 하기로 약속했는데, 어느 정도 했어? (사실 확인)

아이: 아직 시작도 못 했어요.

부모: 뭔가 계획과 다르게 된 이유가 있어? (이해하려는 자세)

아이: 숙제가 생각보다 어려워서요.

부모: 그렇구나. 그럼 어떻게 하면 시간을 잘 지킬 수 있을까? (함께 해결책 찾기)

어때요? 엄청나게 특별하지는 않죠? 우리가 일상에서 자연스럽게 나누는 대화거든요. 그래도 처음에는 의식적으로 따라 해 보세요. 몇 번 반복하다 보면 자연스럽게 몸에 배어서 아이와 어려운 이야기를 나눠야 할 때마다 자동으로 실행하게 될 거예요.

특히 3단계 '목적 확인하기'는 가장 중요한 단계입니다. 내 감정을 달래려는 게 아니라 아이를 도우려는 마음으로 대화에 임하면 전혀 다른 결과를 얻을 수 있습니다.

자책하는 부모의
마음을 감싸는 위로

'지금 잘하고 있는 걸까?'

아이가 잠든 깊은 밤, 낮 동안 아이에게 화를 냈던 장면이 자꾸 떠오르고 불편한 감정이 마음 한구석을 조용히 파고듭니다. 완벽하고 싶지만 그럴 수 없는 현실에 대한 슬픔과 아이를 잘 키우고 싶은 간절함이 후회를 더 키우는 듯합니다. 이처럼 밤이 되면 마음이 시끄러워지는 부모들이 있죠. 화를 냈던 순간 반쯤 흘려들었던 아이의 이야기, 한 번 더 안아 줄 수 있었던 기회를 놓친 마음을 떠올리며 부모는 매일 자신을 평가합니다. '오늘은 괜찮았을까?', '나는 좋은 엄마일까?' 이 질문은 때론 자책이 되고 기준 없는 자기 비판으로 흐르기도 합니다. 그러나 그 물음에 대한 가장 온전한 답은 심리학자 도널드 위니컷의 개념에서 시작할 수 있습니다. 위니컷은 영국의 소아과 의사이자 정신분석가로, 20세기 중반 수많은 어머니들과 아이들을 관찰하며 이런 결론에 이릅니다.

"아이에게 필요한 것은 완벽한 엄마가 아니라 충분히 좋은 엄마다."

여기서 말하는 '충분히 좋음', 즉 'Good Enough'란, 처음에는 아이의 욕구에 민감하게 반응하지만 점차 그 반응이 적절히 감소되어 아이 스스로 세상을 마주할 수 있게 돕는 관계입니다. 아이가 숙제를 하기 싫다며 짜증을 낼 때 바로 도와주거나 대신해 주기보다는 아이가 혼자 고민해 보고 스스로 시작할 기회를 기다려 주는 것. 친구와 다툰 이야기를 털어놓을 때 당장 해결책을 주기보다는 "그랬구나!" 하고 아이의 마음을 먼저 들어주는 시간인 거죠. 그것이 '충분히 좋은 부모'가 해 주는 적절한 개입입니다. 그 기다림과 개입 사이의 '적정한 거리'가 바로 '충분히 좋은' 육아입니다.

이 개념은 완벽하지 않아도 괜찮다는 면죄부가 아닙니다. 오히려 아이의 자율성과 현실 적응력을 길러주는 건강한 실수와 불완전함을 포함합니다. 부모의 실수, 부족함, 회복 과정 모두가 아이에게는 '세상과의 관계'를 배우는 장이 될 수 있다는 것입니다.

부모가 '충분함'을 모르는 것이 아닙니다. 오히려 충분하지 않다고 느끼게 만드는 정보들에 매일 휘둘리고 있죠. 누군가는 "벌써 학원에서 중학 수학까지 진도 나갔다."라고 말하고, 또 어떤 이는 "영어 원서 읽는 영상 일기를 매일 올린다."라고 합니다. SNS에는 엄마표 공부 루틴과 책장 인증샷이 끝도 없이 올라오기도 합니다. 그 모든 장면 앞에서 부모는 조용히 자책합니다. 정보가 많아질수록 기준도 자꾸 높아집니다. 이 모든 정보는 부모의 마음에 '나는 아직 부족하다.'라는 결핍의 감각을 각인시킵니다. 그렇게 우리는 '충분히 좋은 부모'의 기준을 떠올릴 틈도 없이 매일 더 잘해야 하고, 더 다정해야 하고, 더 똑똑해야 하는 과잉 기대의 레이스를 달리고 있습니다.

아이에게 완벽한 부모란 존재하지 않습니다. 그리고 아이에게도 완벽한 부모는 필요하지 않습니다. 왜일까요? 완벽한 반응만을 받으며 자란 아이는 실수나 좌절을 경험했을 때 세상과 스스로 견디는 힘을 기르기 어렵습니다. 세상은 부모만큼 따뜻하지 않기 때문입니다.

반면 부모가 때때로 실수하고, 그것을 인정하고 사과하며 다시 관계를 회복해 나가는 과정을 경험한 아이는 현실의 복잡함을 받아들이는 힘, 즉 회복하는 힘을 키우게 됩니다.

부모의 불완전함은 아이에게 "세상은 완벽하지 않지만, 괜찮아질 수 있어!"라는 메시지를 줍니다. 그리고 그것이 아이의 정서적 회복탄력성의 뿌리가 됩니다. 다정하고도 단단한 말로 오늘 하루를 정리해 보세요.

"나는 오늘도 충분히 좋은 부모였다."

"지금 잘하고 있는 건가요?"에 답하는 자기 자비의 기술

"나는 지금 잘하고 있는 걸까?"

이 질문이 자기 비판으로 우리를 공격할 때 필요한 것이 자기 자비입니다. 아이의 마음을 살피듯 내 마음도 들여다보는 연습이 필요하거든요. 심리학자 크리스틴 네프 Kristin Neff는 자기 자비란 실수했을 때 나를 혼내기보다 친구에게 하듯 따뜻하게 말을 걸어 주는 능력이라고 정의했습니다. 즉 내 감정을 있는 그대로 인정하고, 그 감정을 느끼는 나를 다정하게 바라보고, 그 안에서 위로를 건네는 일이 자기 자비인 거죠. "나도 괜찮은 엄마야."라고 말해 주는 용기입니다. 유난히 자신에게 엄격한 사람이라면 쉽지 않을 거예요. 그래서 자기 자비는 훈련이 필요합니다. 다음은 부모가 일상에서 실천할 수 있는 자기 자비 훈련입니다.

감정을 있는 그대로 알아차리기 Mindful Awareness

감정을 변화시키려 애쓰기보다 지금 내가 어떤 감정을 느끼는지 알아차리는 것이 첫걸음입니다. 심리학자들은 이를 '감정과 나 사이에 거리 두기 distancing'라고 부릅니다. 이 과정은 전두엽 기능을 회복시키고 감정 과잉 반응을 조절하는 데 중요한 역할을 합니다. "너무 화가 나."가 아니라 "지금 느껴지는 감정은 '화'야!"라고 표현할 때 감정에 휩쓸리지 않고 자신을 바라볼 수 있는 여지가 생깁니다. 예를 들어, 아이가 등교 준비를 반복해서 미루고 결국 지각할 뻔한 아침에 느끼는 감정의 인식을 살펴볼게요.

"아, 진짜 짜증 나!"

감정과 내가 하나가 된 상태로 감정이 나를 휘두르고 있는 순간입니다.

"지금 짜증이 올라오고 있어."

감정을 직접 말로 붙잡는 단계입니다. 감정과 나 사이에 '관찰자 시선'을 세우는 첫걸음이죠.

"이 짜증 속엔 조급함이랑 무력감이 같이 섞여 있어."

표면 감정(짜증) 아래에 있는 '정확한 감정'에 이름을 붙여 줍니다. 빨리 챙겨 보내야 한다는 조급한 마음과 아이를 내 뜻대로 움직이게 할 수 없는 무력한 마음이 공존한다는 것을 인식하는 거죠. 뇌는 이렇게 감정의 세부적인 이름을 붙이면 그것을 '조절 가능한 정보'로 인식하게 됩니다.

"아이가 또 늦게 움직이니까 내가 통제할 수 없다는 생각이 들었어."

감정은 이유가 있을 때 자연스럽습니다. 이렇게 이유를 찾아 주는 것만으로도 감정이 가라앉기도 합니다.

"나는 지금 짜증을 '느끼는 중'일 뿐이야."

감정은 '내 일부'일 뿐 '내 전부'가 아닙니다. 이 문장을 반복하면 감정에 휘둘리지 않고 나 자신을 붙잡을 수 있습니다.

"계속 같은 일에 마음을 쓰다 보니 짜증이 쌓였던 거야. 충분히 그럴 수 있어."

"아, 진짜 짜증 나!"
↓
"지금 짜증이 올라오고 있어."
↓
"이건 조급함 + 무력감이야."
↓
"통제감이 사라져서 그랬구나."
↓
"나는 지금 감정을 느끼는 중이야."
↓
"오늘 힘들었으니까 그럴 수도 있어."

나만 그런 게 아니라고 기억하기 Common Humanity

감정 이후에는 흔히 수치심이 따라옵니다. '나는 왜 이렇게 못하나?', '좋은 부모가 아닌 것 같아!' 하는 마음들이지요. 이때 '나만 그런 게 아니다.'라는 사실을 떠올리는 것이 중요합니다. '모든 부모는 가끔 지치고, 때로는 화를 낼 수 있어. 아이를 키우는 일은 누구에게나 완벽할 수 없으니까.' 실수를 인간이라면 당연한 경험으로 받아들이면 마음이 한결 가벼워집니다. '실수해도 괜찮은 나'를 받아들이는 일은 단지 심리적 방어가 아닌 신체적 회복의 시작이기도 합니다.

나에게 친절한 말 건네기 Self-Kindness

크리스틴 네프는 자기 자비의 핵심은 자기에게 친절한 말을 직접 해 주는 것이라 소리 내어 말하거나 글로 적는 것만으로도 우리 마음을 실제로 달래 주는 효과가 있다고 말합니다. 부모가 자기 자신에게 따뜻한 언어를 건네는 연습을 하면 결국 아이에게도 따뜻함을 건넬 수 있습니다. 나를 자책하지 않는 법을 배울 때 비로소 아이의 실수도 이해할 수 있게 되는 것이지요.

"내가 지친 것에는 이유가 있어. 그럼에도 나는 아이를 사랑하고 있어."

"나는 내 아이에게 꼭 필요한 엄마야."

'잘하고 있는가?'라는 질문에 완벽한 답은 없을지라도 자기 자비는 이런 말을 가능하게 합니다.

"나는 오늘, 최선을 다한 부모입니다. 그걸로도 충분합니다."

자기 자비는 아이에게도 전염됩니다

아침 출근길 유난히 느릿느릿 움직이던 아이에게 그만 큰소리를 내고 집을 나섰습니다. 그날 저녁 마음 한편에 남아 있던 미안함을 조용히 꺼냈어요.

"엄마가 좀 짜증 났었어. 그래서 그랬던 거야. 미안해."

별것 아닌 말 같았지만 아이의 얼굴이 조금 풀리는 걸 느꼈습니다.

며칠 뒤 아이도 자신의 실수에 대해 이렇게 말하더군요.

"나 아까 화났었어. 그래서 짜증 낸 거야."

그 말이 어쩐지 참 따뜻하게 들렸어요. 자기 감정을 숨기거나 밀쳐 내지 않고 스스로 이해하려는 모습이 고스란히 전해졌거든요. 자기 자비란 결국 그런 거예요. '괜찮아!'라는 말을 나 자신에게 먼저 건네는 일. 피곤하고 지친 날 실수했을 때, 마음이 엉켜 있을 때, 스스로 야단치기보다 "오늘은 많이 애썼지!" 하고 토닥이는 것. 그렇게 나를 대하는 방식을 아이는 그대로 배우게 됩니다.

우리는 늘 아이에게만 감정 조절을 가르치려 하지만 감정이라는 것은 감춰진 단어보다 보여지는 태도에서 배웁니다. 부모가 자기 자신에게 친절할수록 아이도 자신을 다룰 줄 아는 사람이 되더라고요.

에필로그

기준은 결국
우리 안에 있습니다

얼마 전 아이와 함께 저녁을 먹다가 문득 물었습니다.

"요즘 너한테 제일 좋은 시간은 언제야?"

아이의 대답은 뜻밖이었습니다.

"아무것도 안 하고 그냥 엄마랑 얘기할 때."

아이에게 필요한 건 새로운 교재를 고르고, 교육 정보를 찾아보고, 아이의 하루를 빽빽하게 채우는 그런 '도움'이 아니었습니다.

"엄마가 나를 위해 이것저것 알아봐 주고, 도와주려고 하는 건 고맙지만……."

아이는 더 말을 잇지 않았지만 그 뒤에 어떤 말을 삼켰는지는 충분히 짐작할 수 있었습니다.

아이가 정작 원했던 건 그저 아무 조건 없는 사랑이었습니다.

우리는 교육의 해답을 먼 곳에서 찾으려 애쓰지만 정작 그 해답은 오늘 하루의 작은 순간 속에 숨어 있습니다. 밥 먹으면서 나눈 대화, 잠들기 전 건넨 짧은 안부, 실수했을 때 "괜찮아."라고 먼저 말해 주는 태도 같은 것 말이죠. 그럼에도 저는 더 거창한 해답이 있을 거라 믿으며 오랫동안 찾아 헤맸습니다. 학부모 모임에서 흘러나오는 다른 집 이야기, SNS 속 반짝이는 공부법, 누군가의 '성공 사례'라는 이름을 달고 오는 자극들 앞에서 수없이 마음이 흔들렸습니다. 좋다는 것은 다 내 아이에게 적용해 보려 애썼고, 그만큼 더 자주 길을 잃었습니다. 교사로서 수많은 아이들을 만나며 쌓아 온 지식과 경험이 내 아이 앞에서는 종잇장처럼 얇아지기도 하더군요.

아이가 자라는 동안 참 많은 우여곡절이 있었습니다. 계획대로 되는 날보다 그렇지 않은 날이 더 많았고, 기특함과 속상함이 번갈아 찾아왔습니다. 그렇게 웃고 울고 기대하고 내려놓는 시간을 지나며 서서히 알게 되었습니다. 부모가 찾아야 할 것은 '정답'이 아니라 '기준'이라는 것을요.

가끔 상상해 봅니다. 훗날 아이가 어른이 되었을 때 무엇을 기억하고 고마워할지 말이죠. 성적표의 숫자가 아닐 겁니다. 학원을 몇 개 다녔는지도 아니겠지요. 아이가 무너졌을 때 다그치지 않고 곁을 지켜 준 기억, 실패한 날에도 "괜찮다."라고 말해 준 표정, 비교 대신 "네 길을 걸어가도 된다."라고 해 준 그 순간들을 가슴 깊이 간직해 주길 바랍니다. 그 순간들이 쌓여 아이는 경쟁에서 이기는 법보다 자신을 믿고 다시 일어서는 법을 배우고, 남의 시선에 흔들리지 않고 자신만의 기준으로 살아가는 힘을 부모에게서 물려받았다고 느껴 주면 좋겠습니다.

에필로그를 쓰고 있는 지금도 저 역시 여전히 완벽한 부모는 아닙니다. 하지만 이제는 압니다. 완벽하진 않더라도 충분히 좋은 부모가 되려 한다는 믿음이 저와 아이들을 지켜 준다는 것을요.

혹시 이 책을 덮으며 '이제 흔들리면 안 되는구나.', '완벽한 기준을 세워야 하는구나.' 하고 자신을 압박하실까 봐 미리 말씀드리고 싶습니다. 완벽할 필요도, 매 순간 흔들림 없이 서 있을 필요도 없습니다. 중요한 건 다시 돌아오는 힘입니다. 나침반의 바늘도 처음에는 이리저리 흔들리지만 결국 제 방향을 찾아 고요히 멈춥니다. 우리도 마찬가지입니다. 때로는 흔들리고, 실수하고, 후회할 수도 있습니다.

돌아올 기준이 있다면 괜찮습니다. 그 기준은 거창하지 않아도 됩니다. '우리 아이를 있는 그대로 사랑한다.', '아이의 속도를 존중한다.', '비교보다는 성장에 집중한다.' 이런 소박하지만 단단한 원칙들이면 충분합니다.

앞으로도 우리는 수없이 흔들릴 것입니다. 새로운 교육 정보에, 남의 아이 이야기와 예상치 못한 상황들에 말이지요. 그럴 때마다 오늘 우리가 세운 이 기준들을 떠올려 주세요. 그리고 훗날 아이가 혼자 길을 걸어갈 때 우리가 남겨 준 그 기준이 아이의 발걸음을 지켜 줄 것입니다. 흔들려도 괜찮습니다. 완벽하지 않아도 괜찮습니다. 부모가 비교보다 사랑을, 두려움보다 믿음을 선택하며 곁에 서 있다면 아이는 그 품 안에서 자란 나무처럼 어떤 바람에도 꺾이지 않습니다.

불안과 비교에 휘둘리지 않고 중심을 지키는 법
기준이 있는 부모가 아이를 성장시킨다

초판 1쇄 발행 2025년 8월 26일

지은이 하유정
펴낸이 민혜영
펴낸곳 (주)카시오페아
주소 서울특별시 마포구 월드컵로14길 56, 3~5층
전화 02-303-5580 | **팩스** 02-2179-8768
홈페이지 www.cassiopeiabook.com | **전자우편** editor@cassiopeiabook.com
출판등록 2012년 12월 27일 제2014-000277호

ⓒ하유정, 2025
ISBN 979-11-6827-337-5 03590

이 책은 저작권법에 따라 보호받는 저작물이므로 무단 전재와 무단 복제를 금지하며, 이 책의 전부 또는 일부를 이용하려면 반드시 저작권자와 (주)카시오페아 출판사의 서면 동의를 받아야 합니다.

- 잘못된 책은 구입하신 곳에서 바꿔 드립니다.
- 책값은 뒤표지에 있습니다.